I0696200

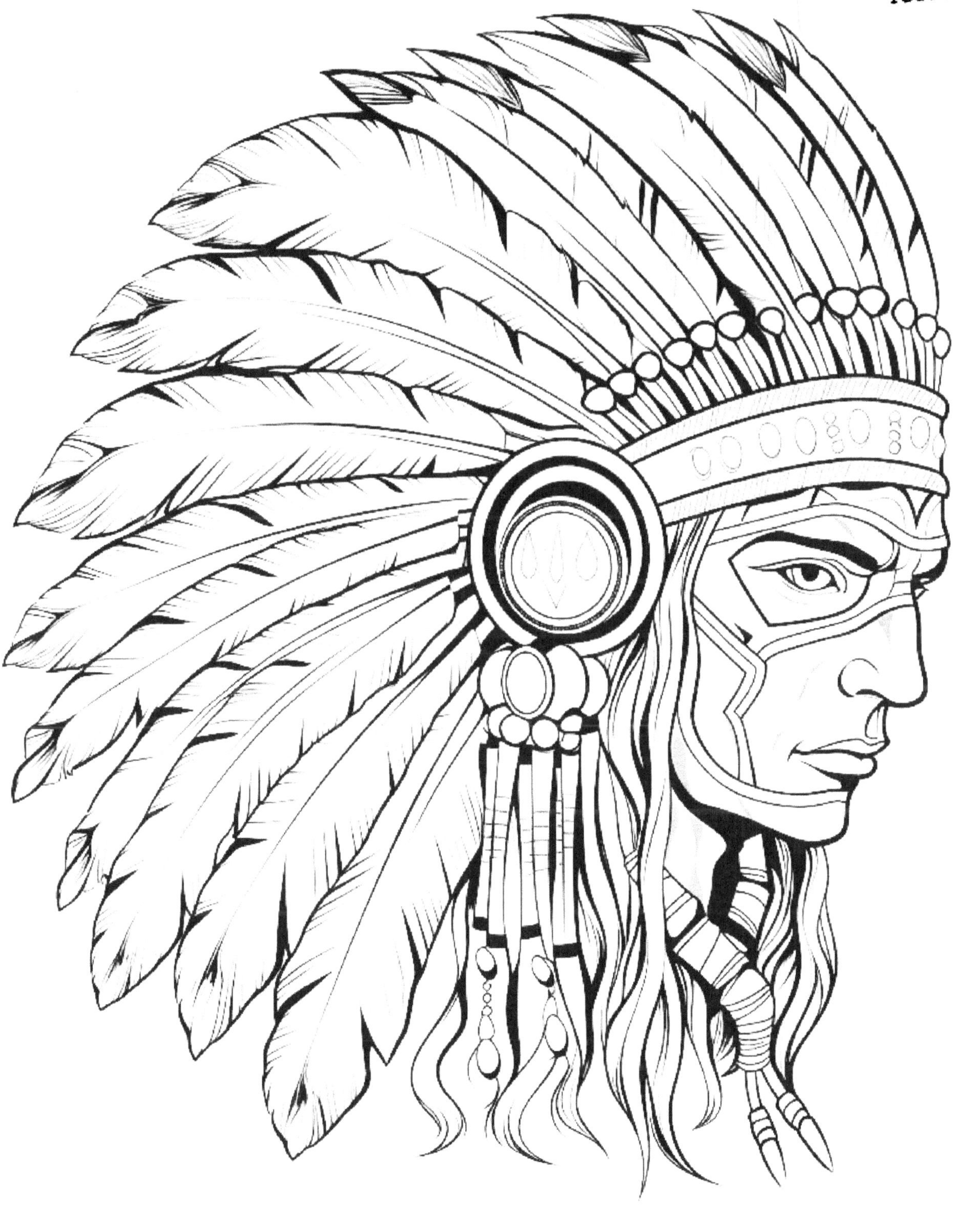

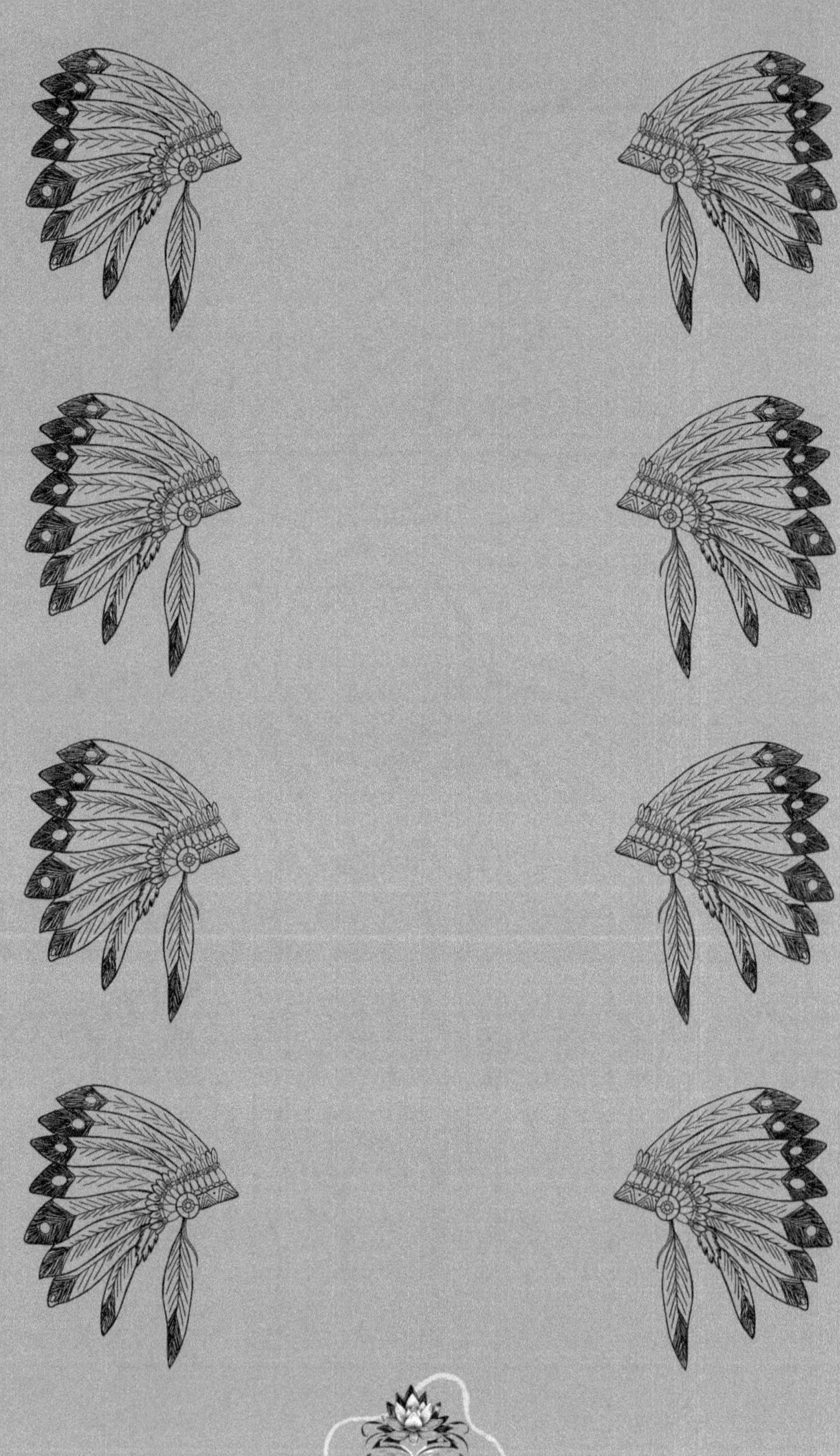

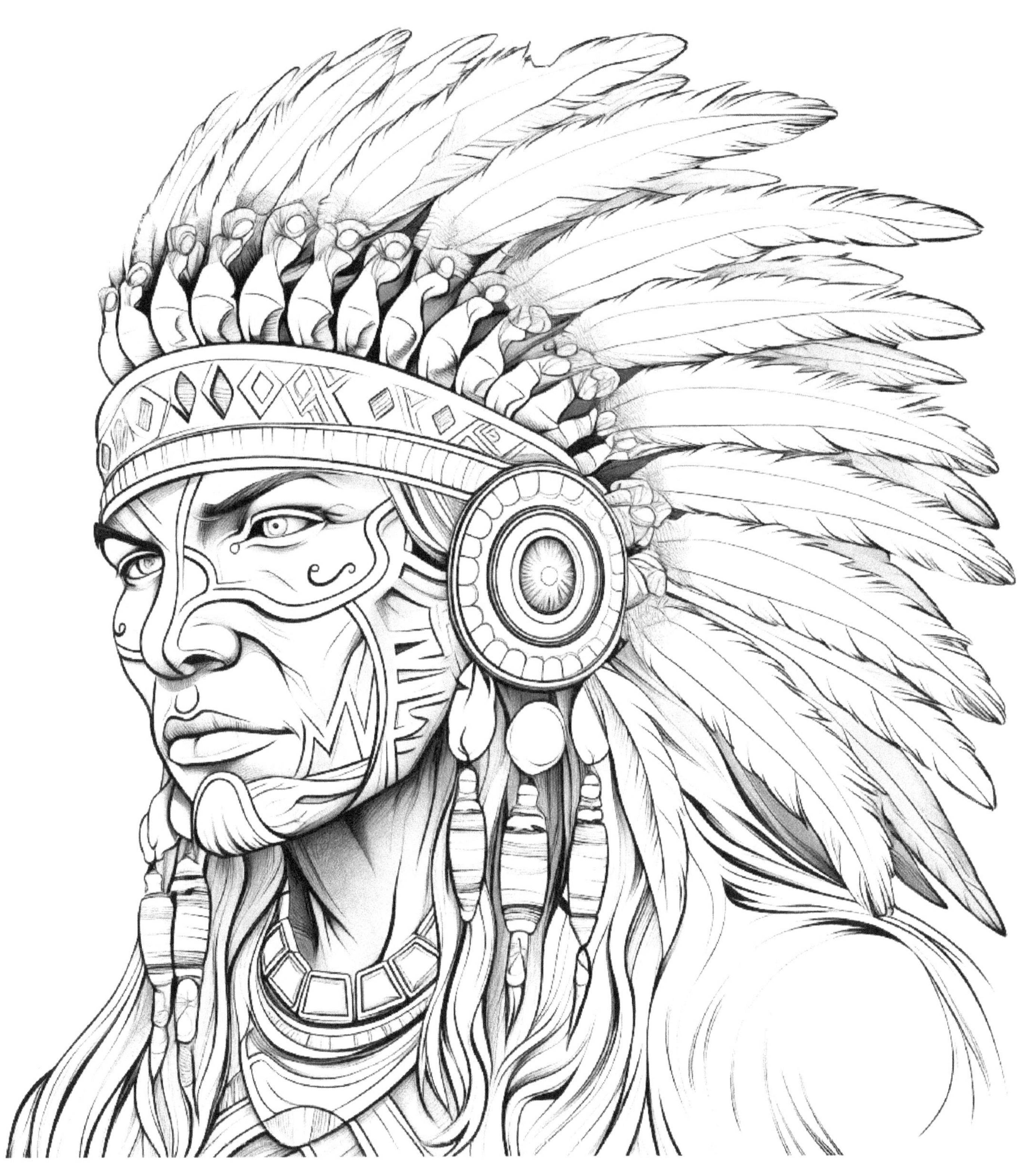

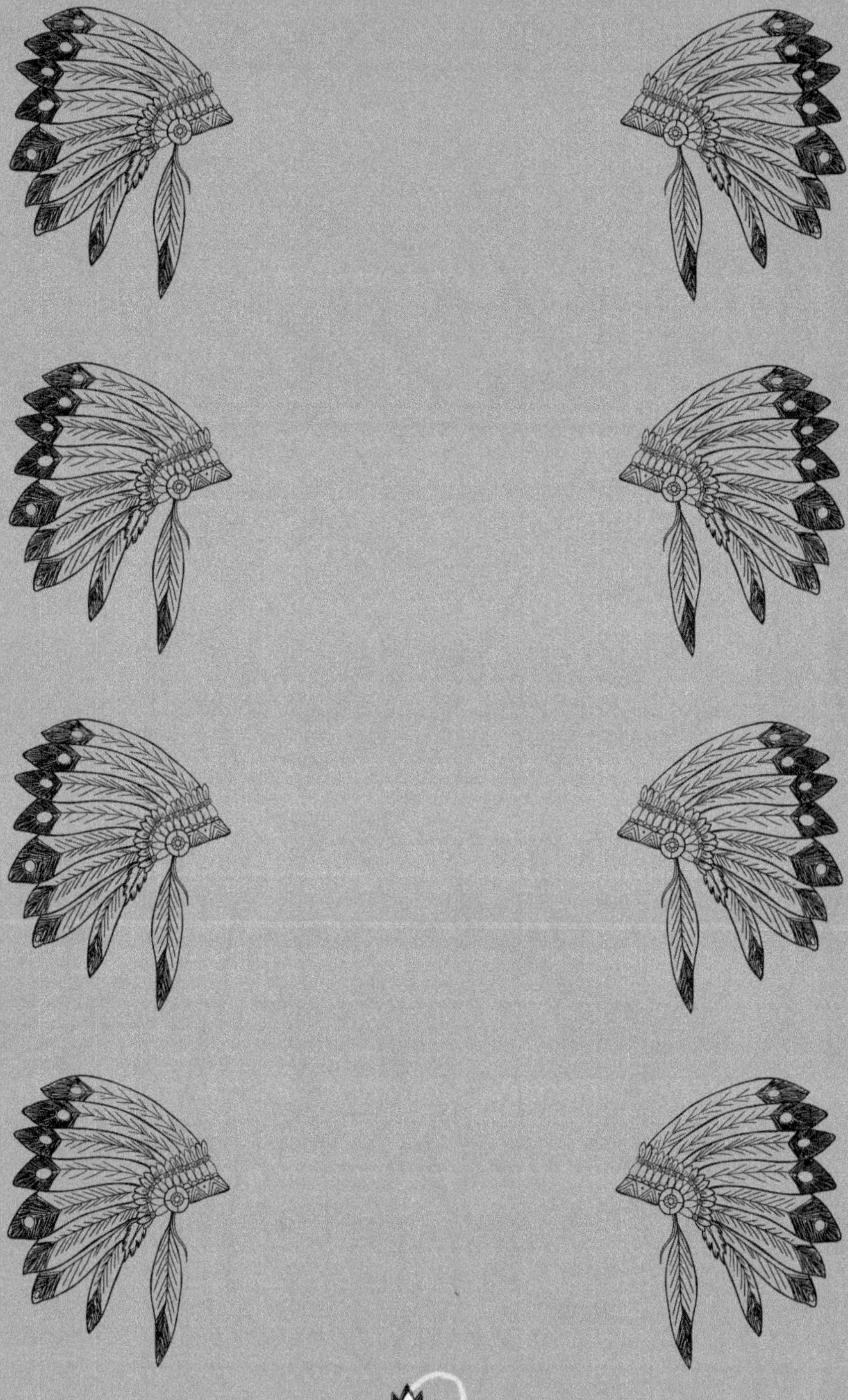

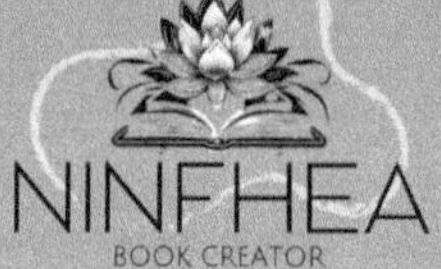

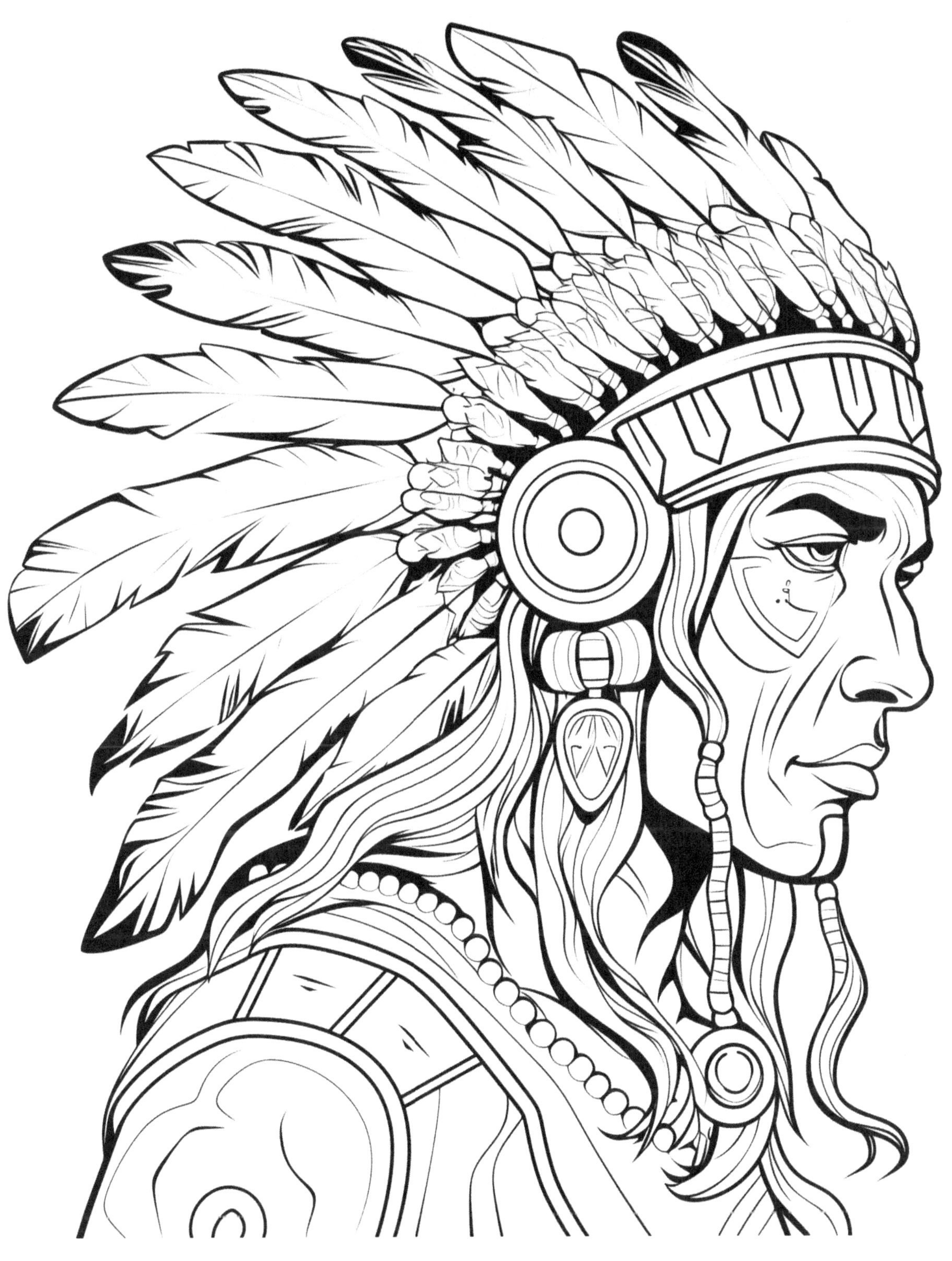

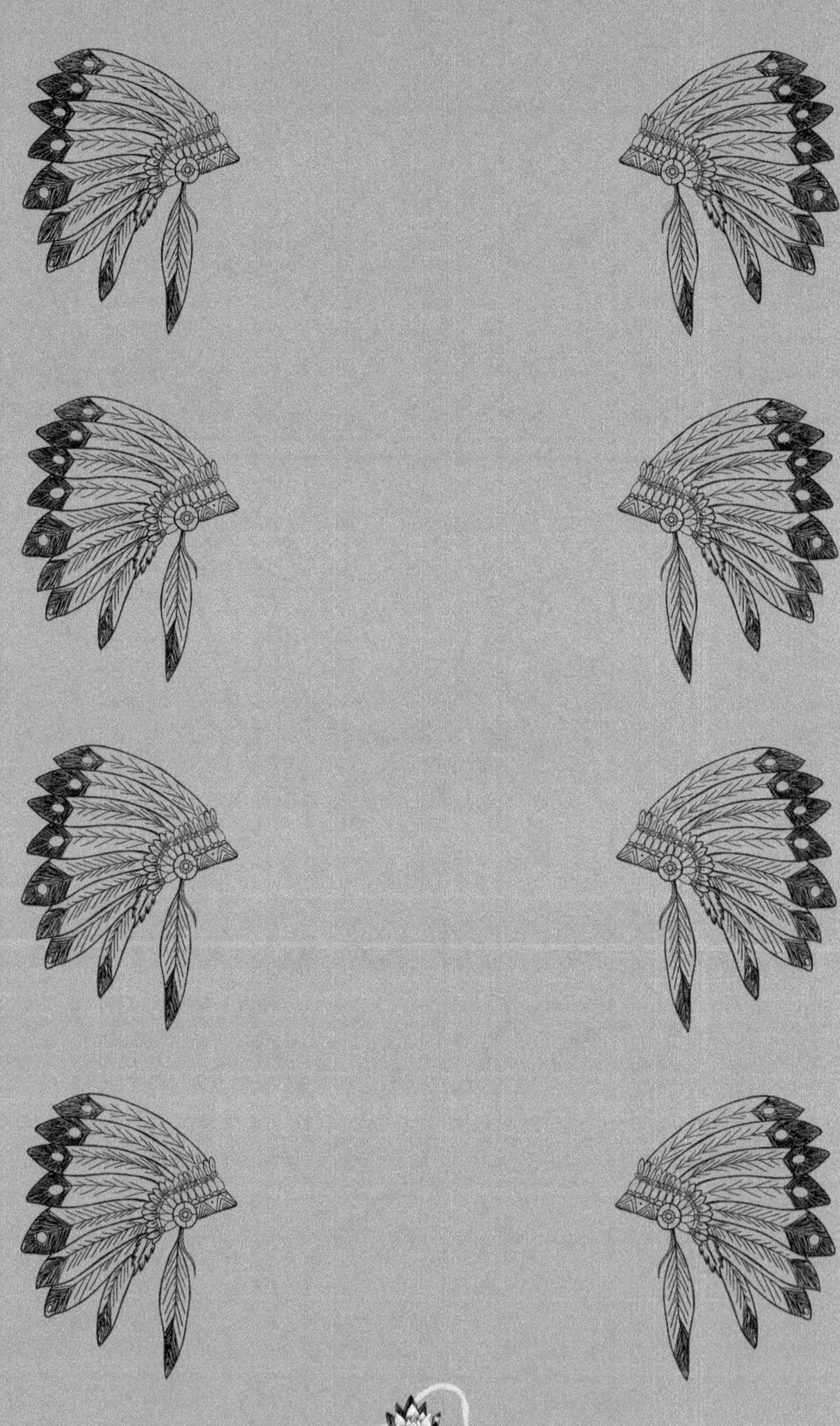

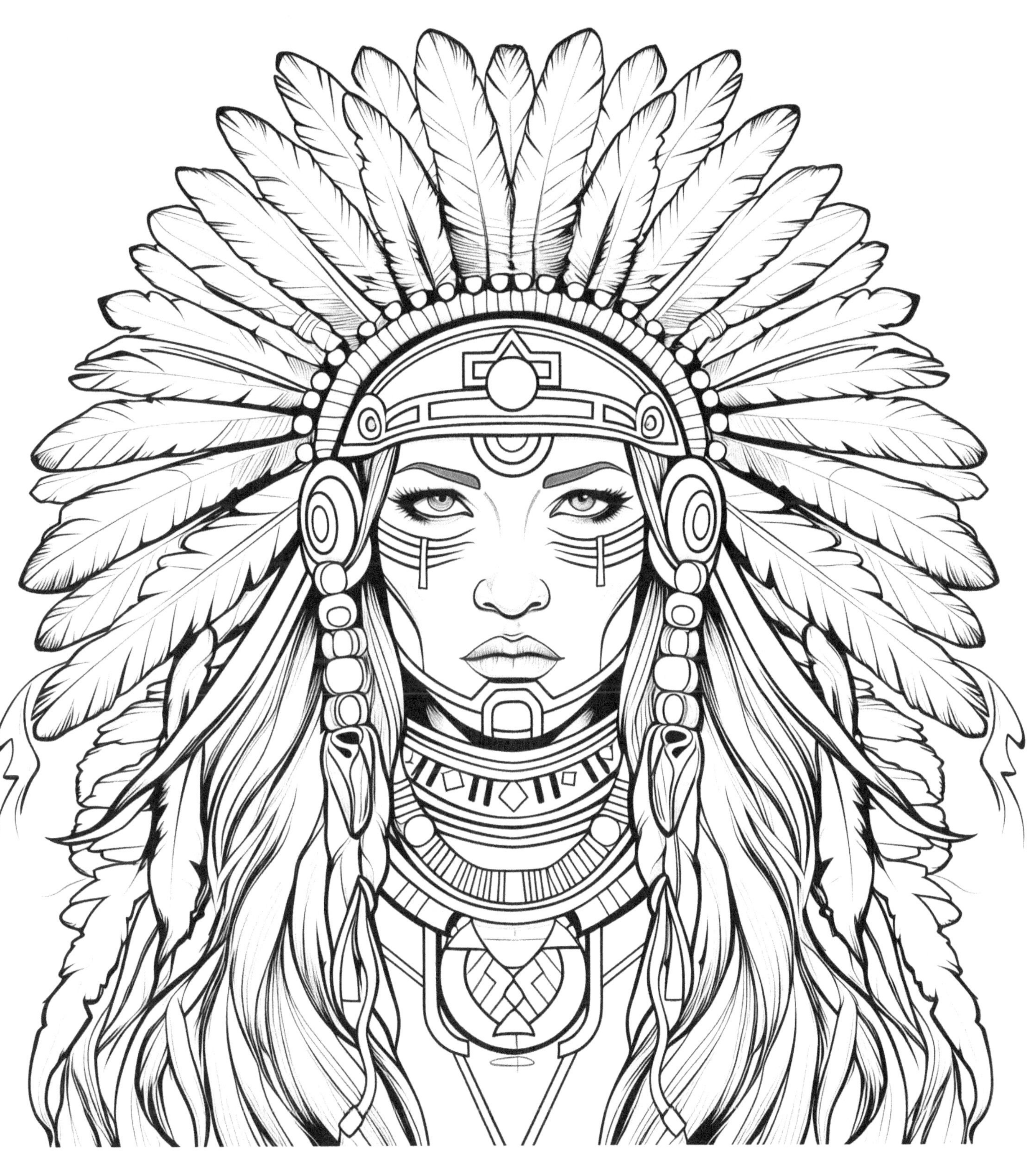

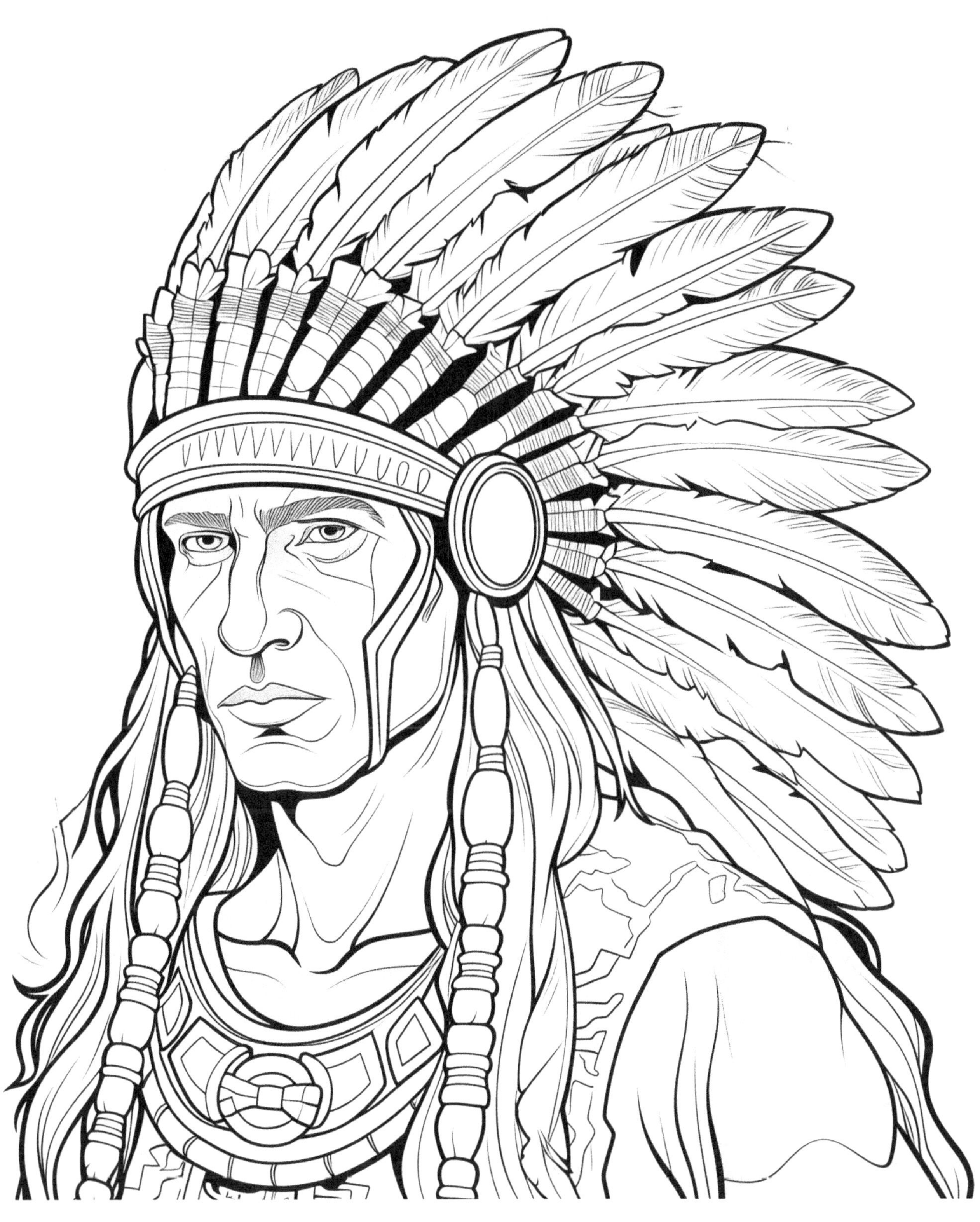

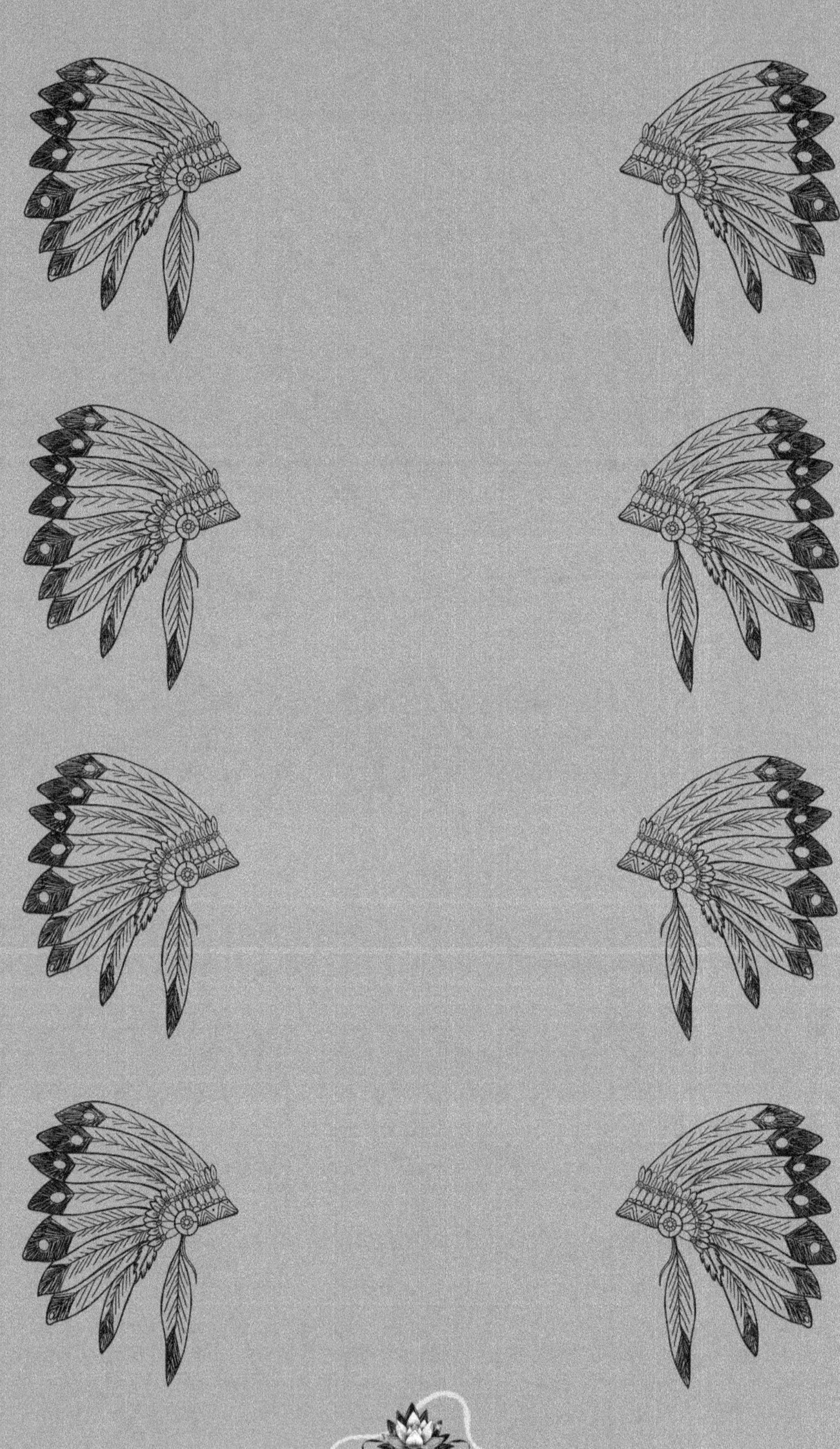

NINFHEA
BOOK CREATOR

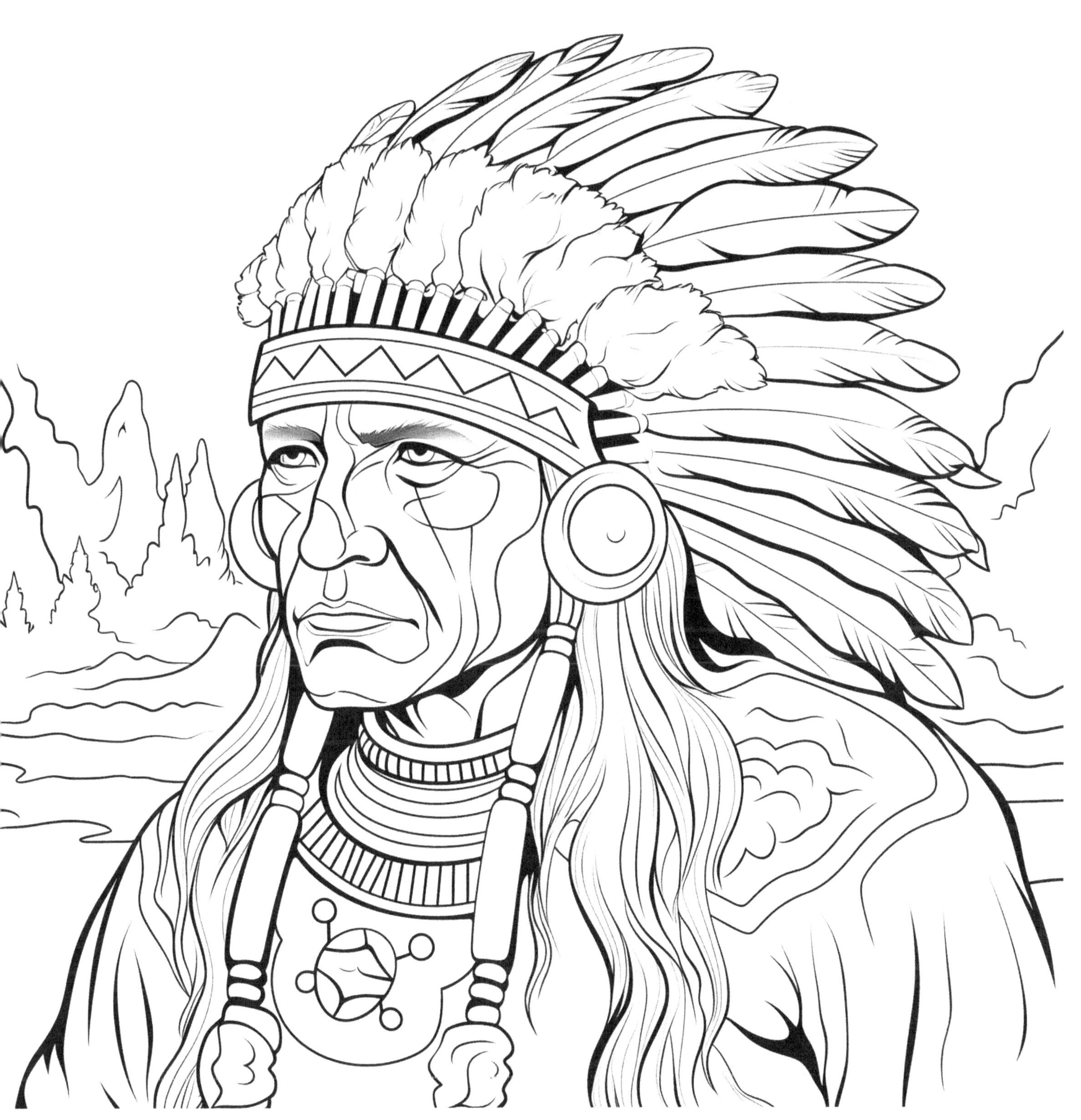

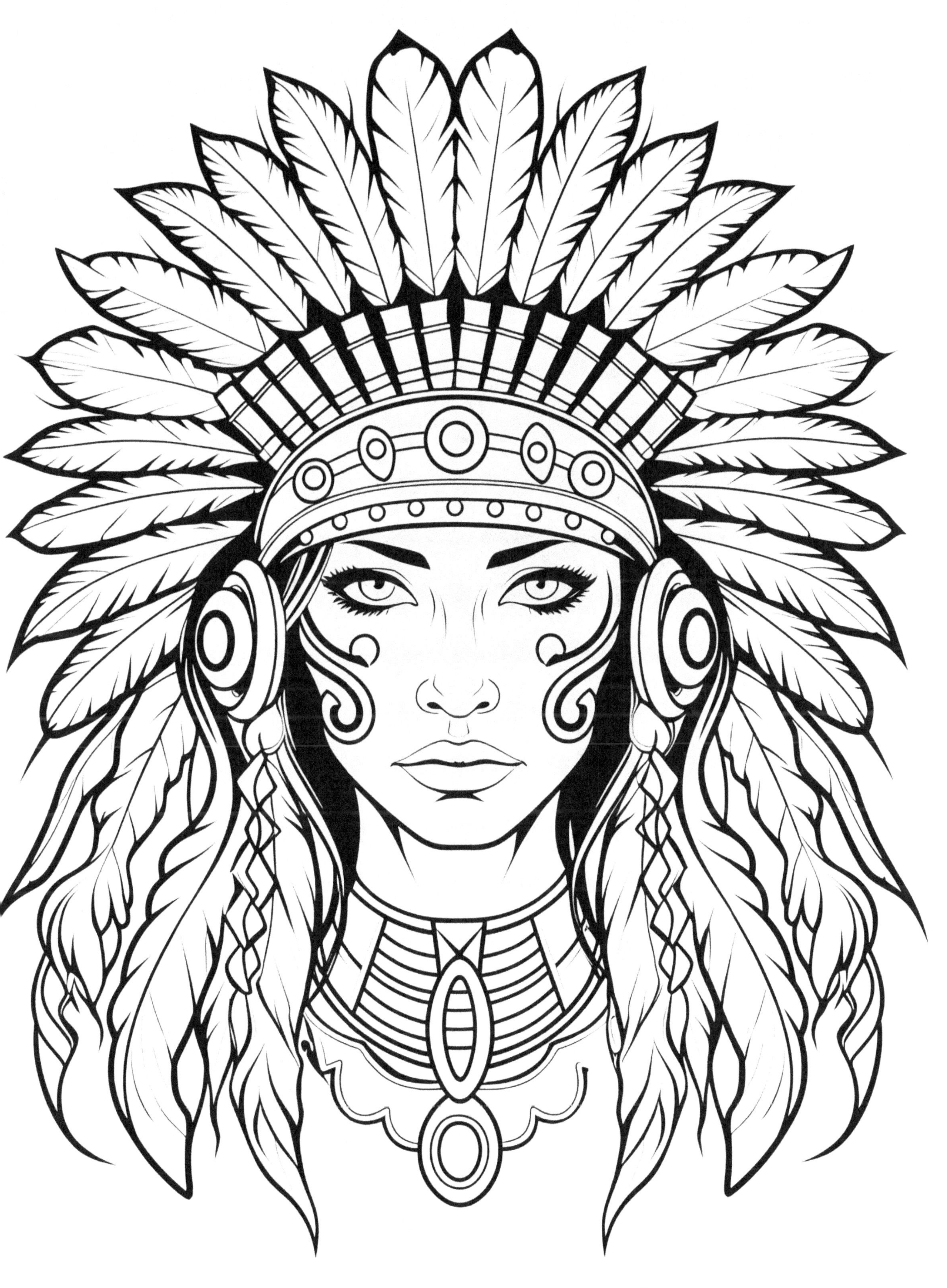

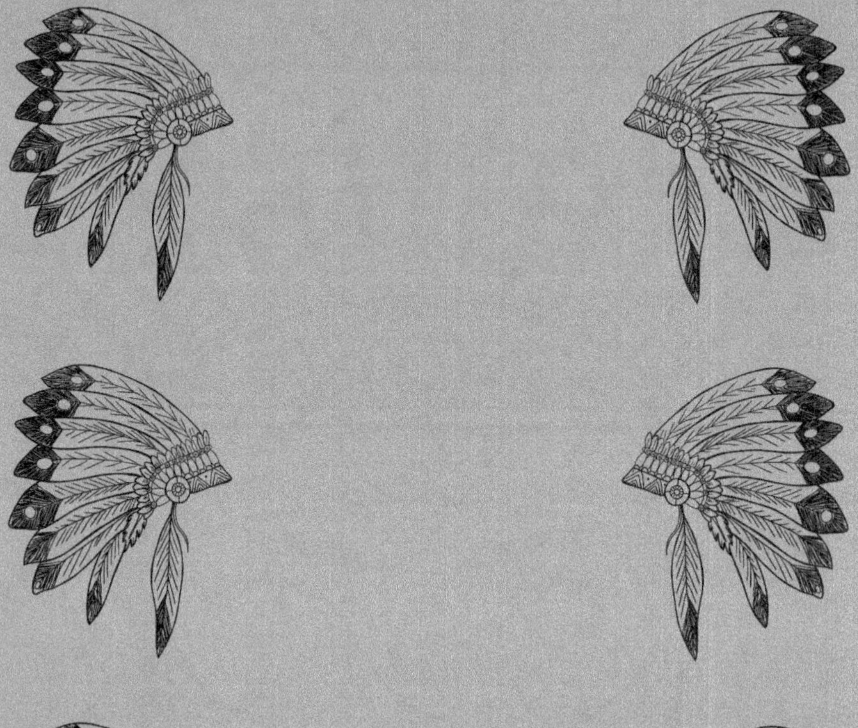

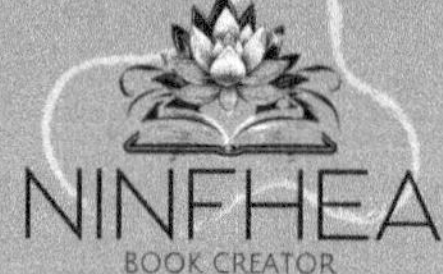

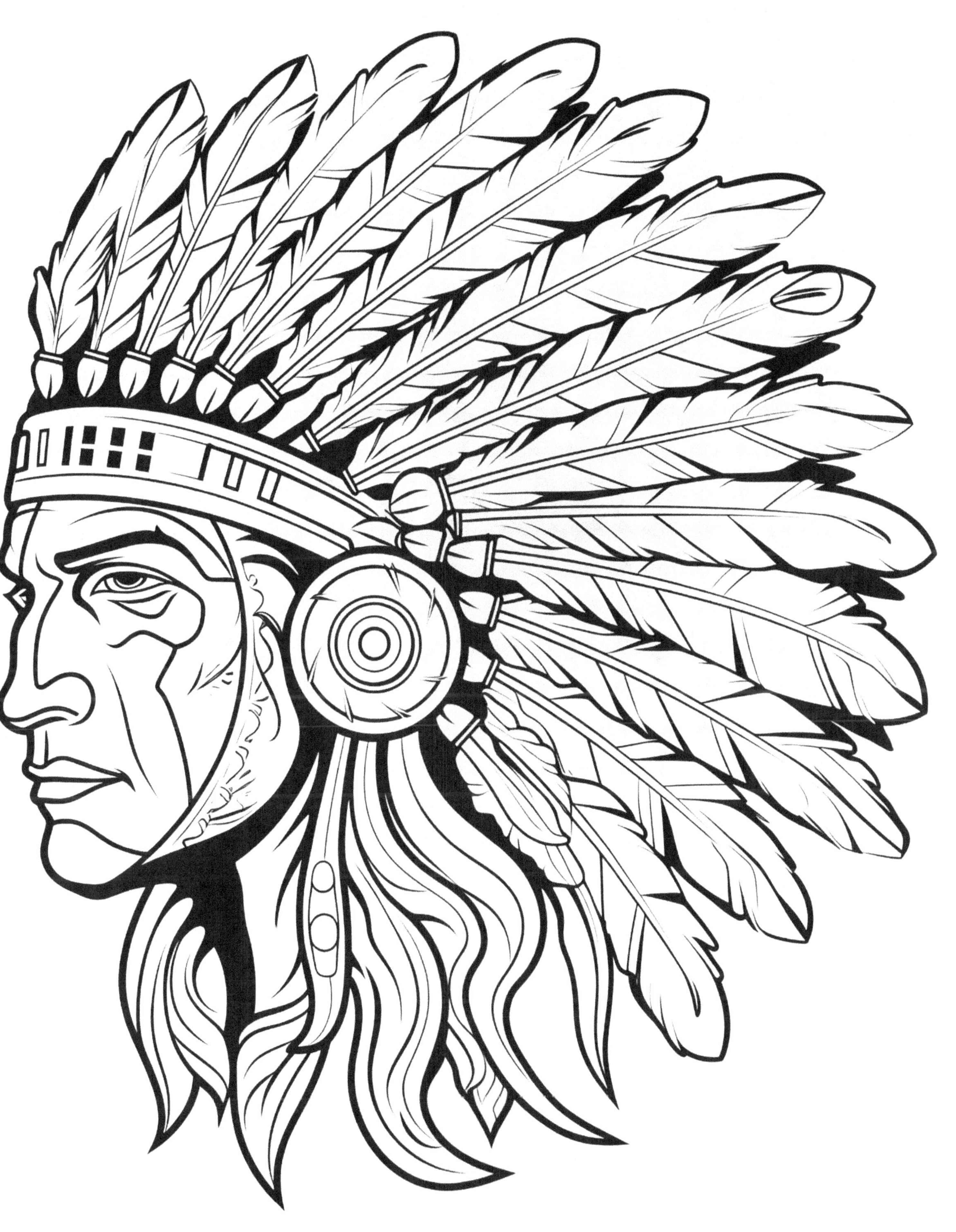

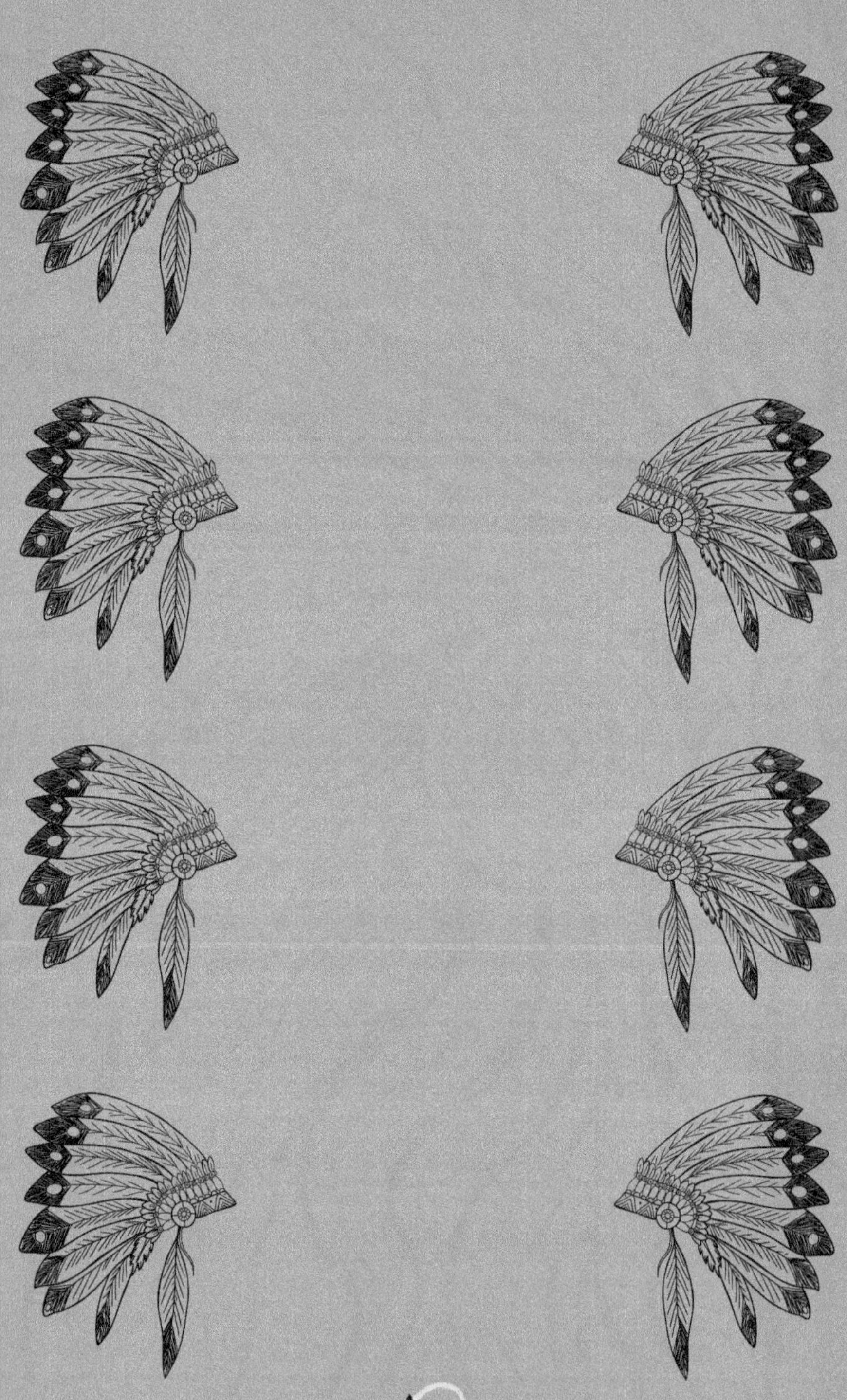

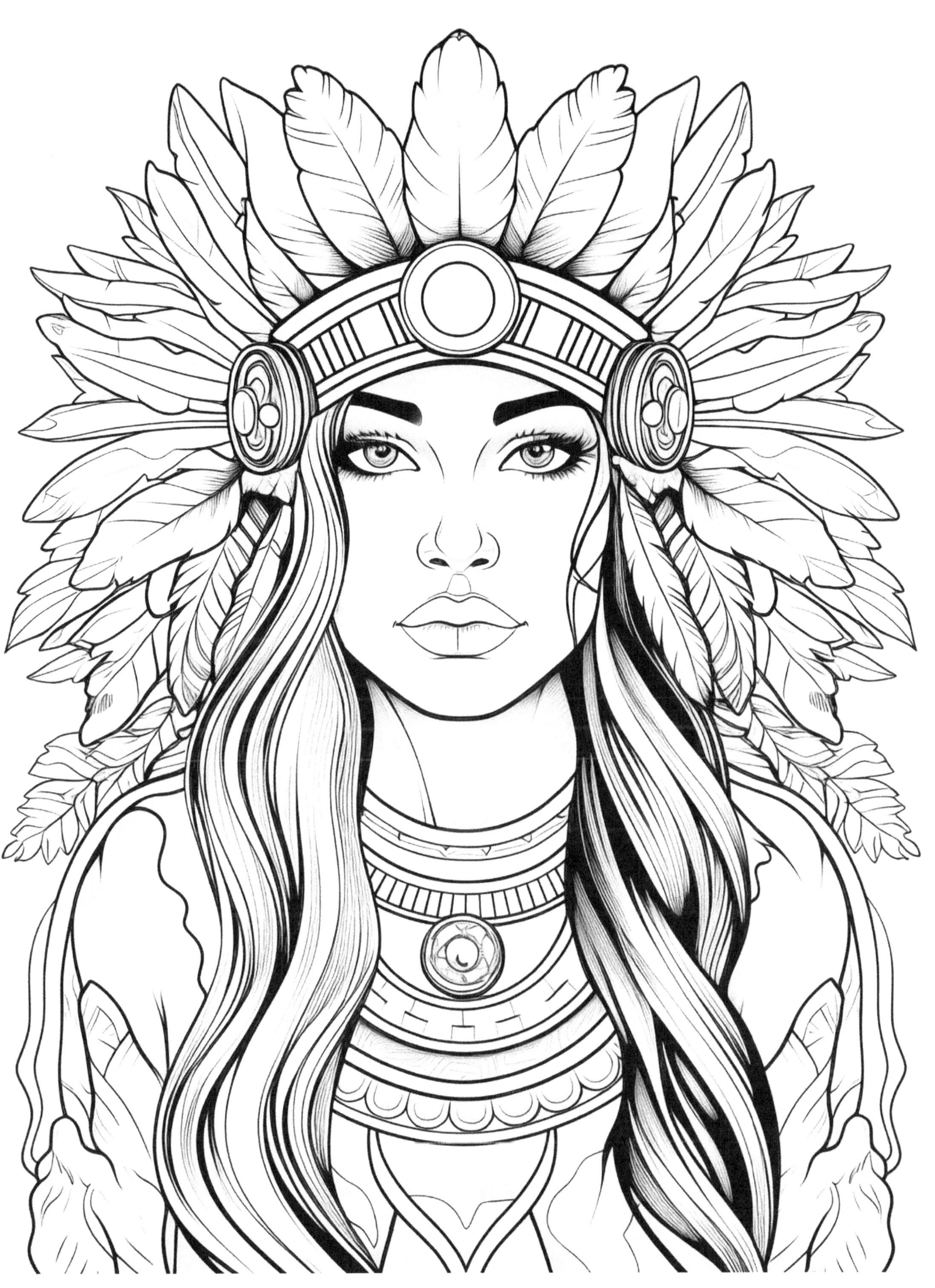

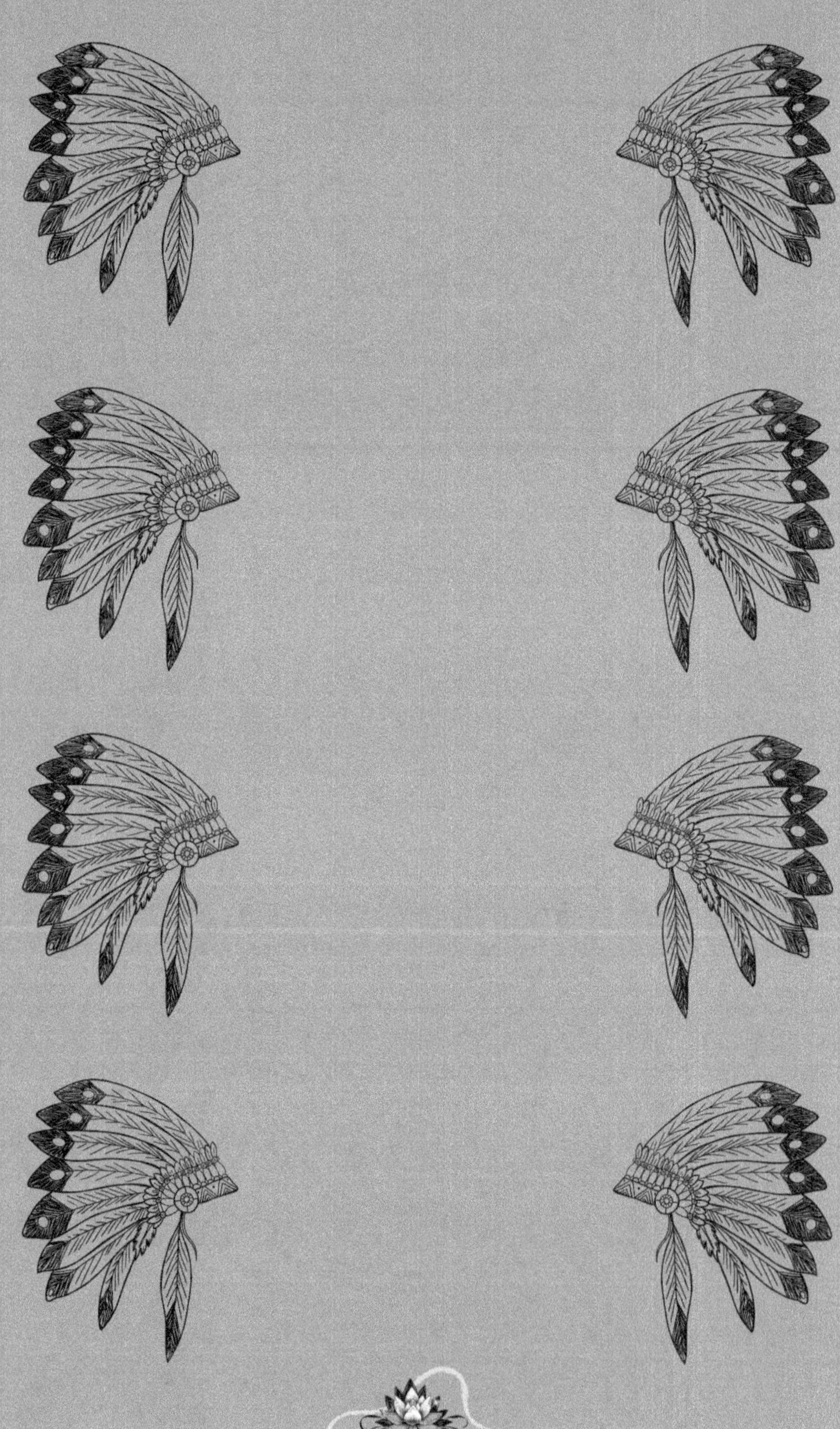

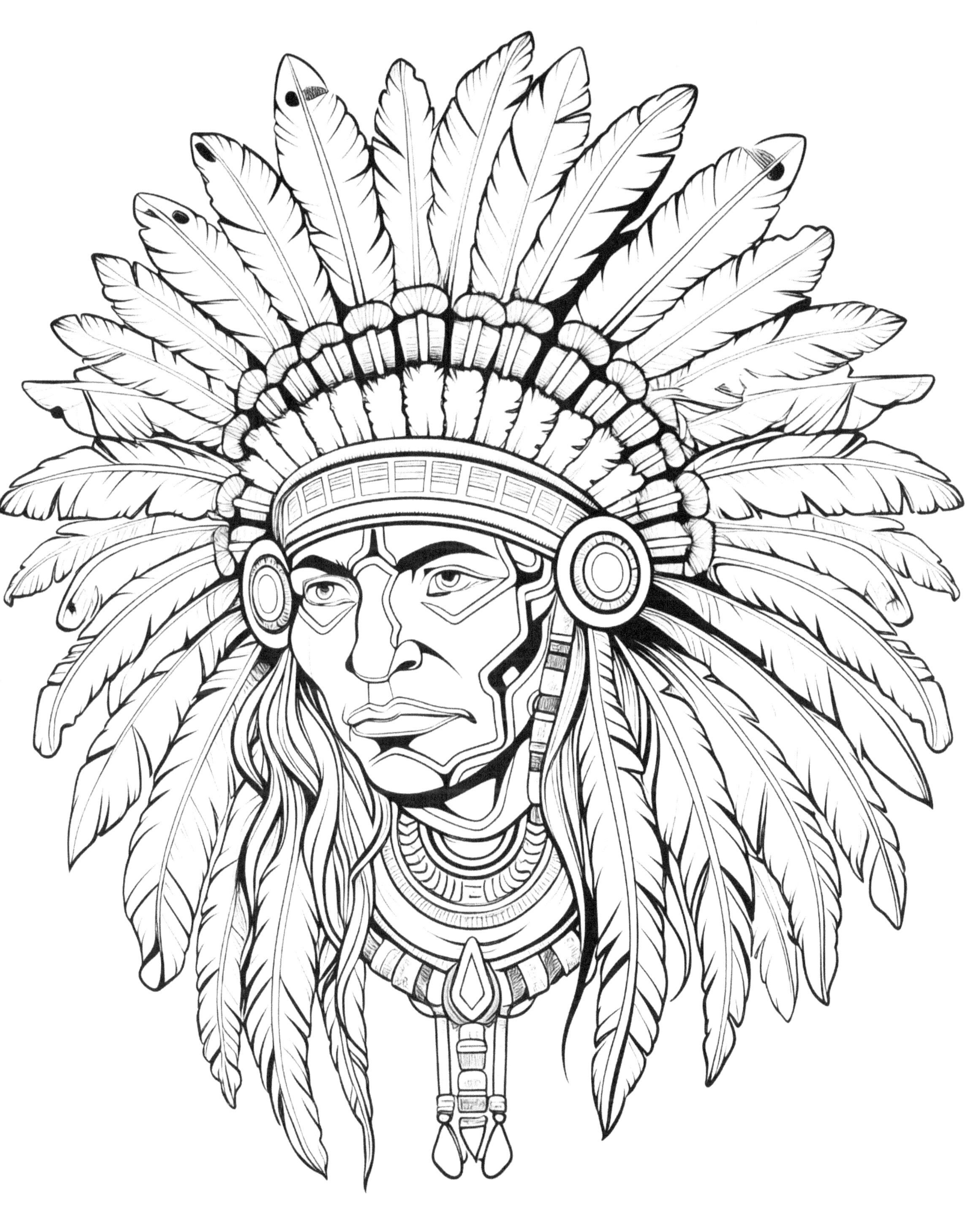

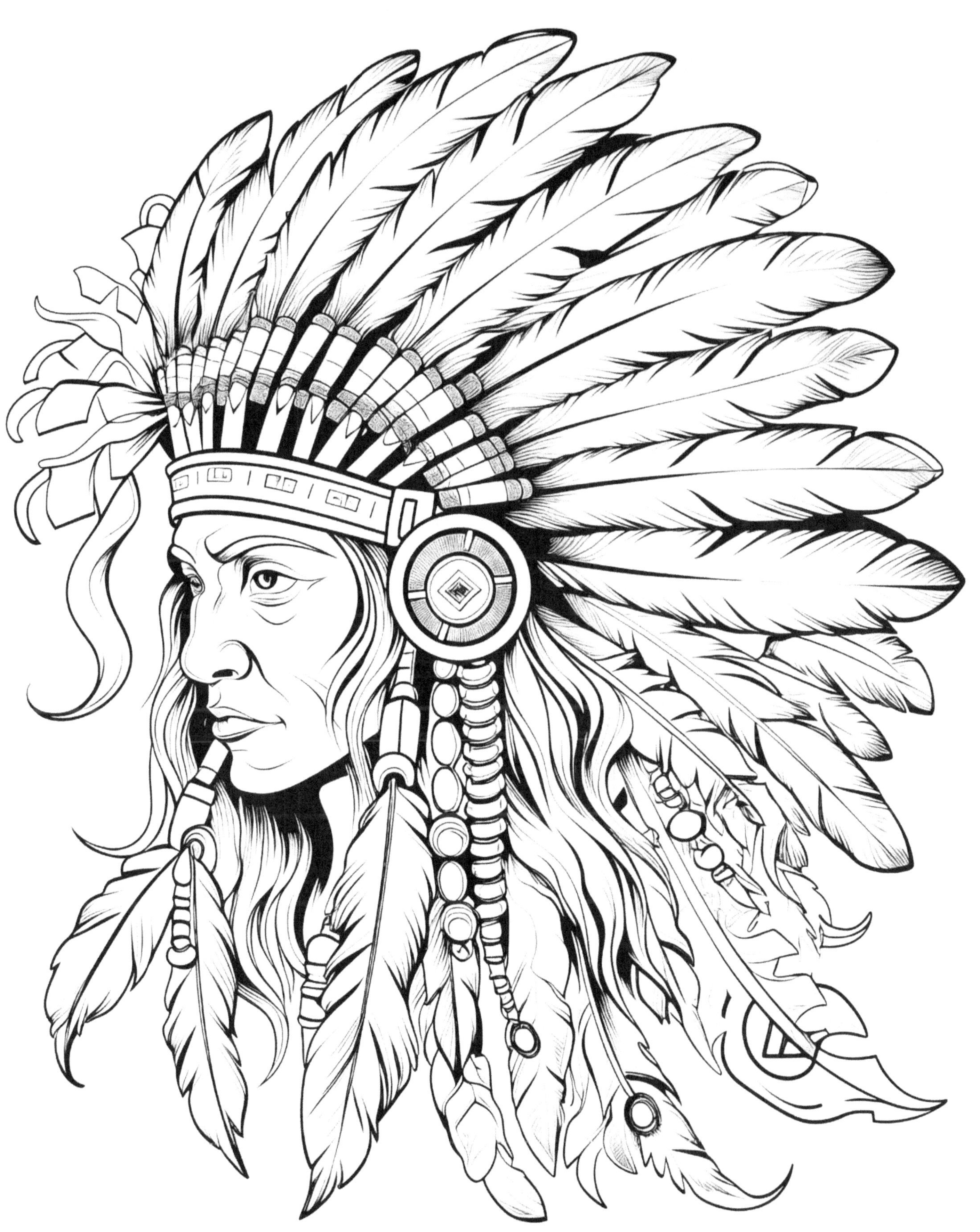

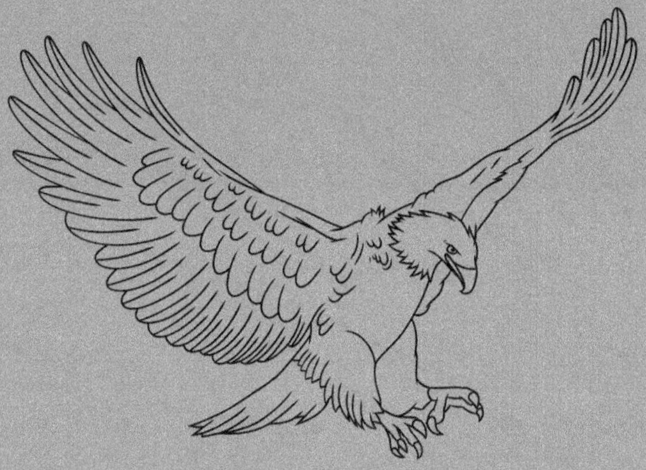

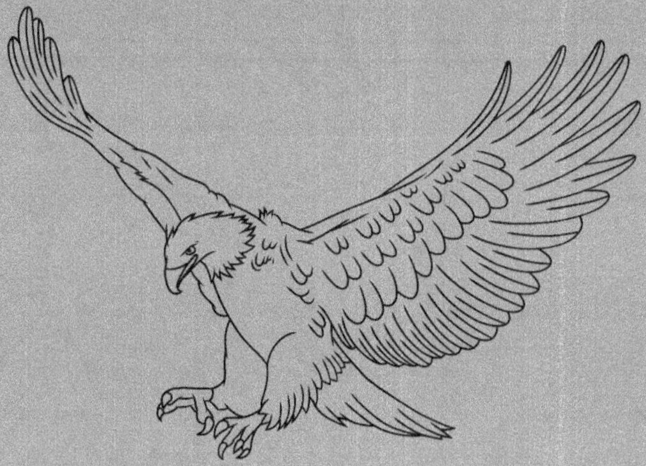

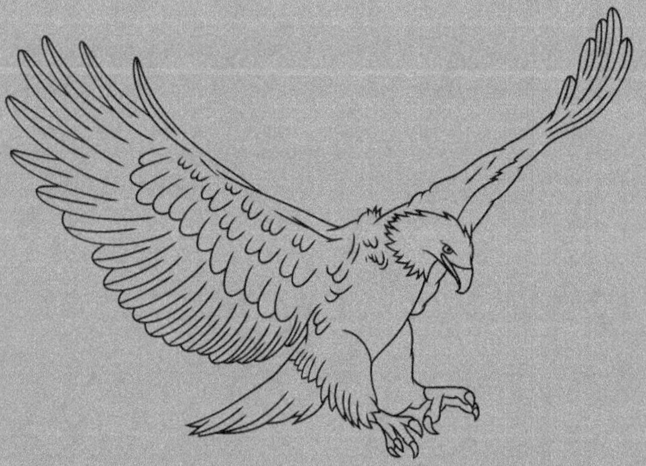

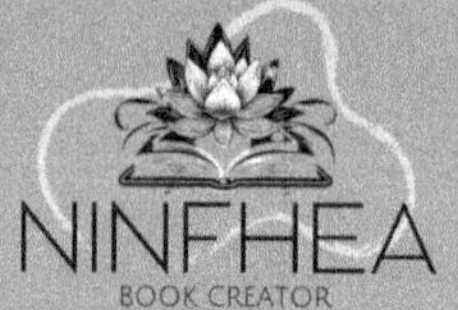

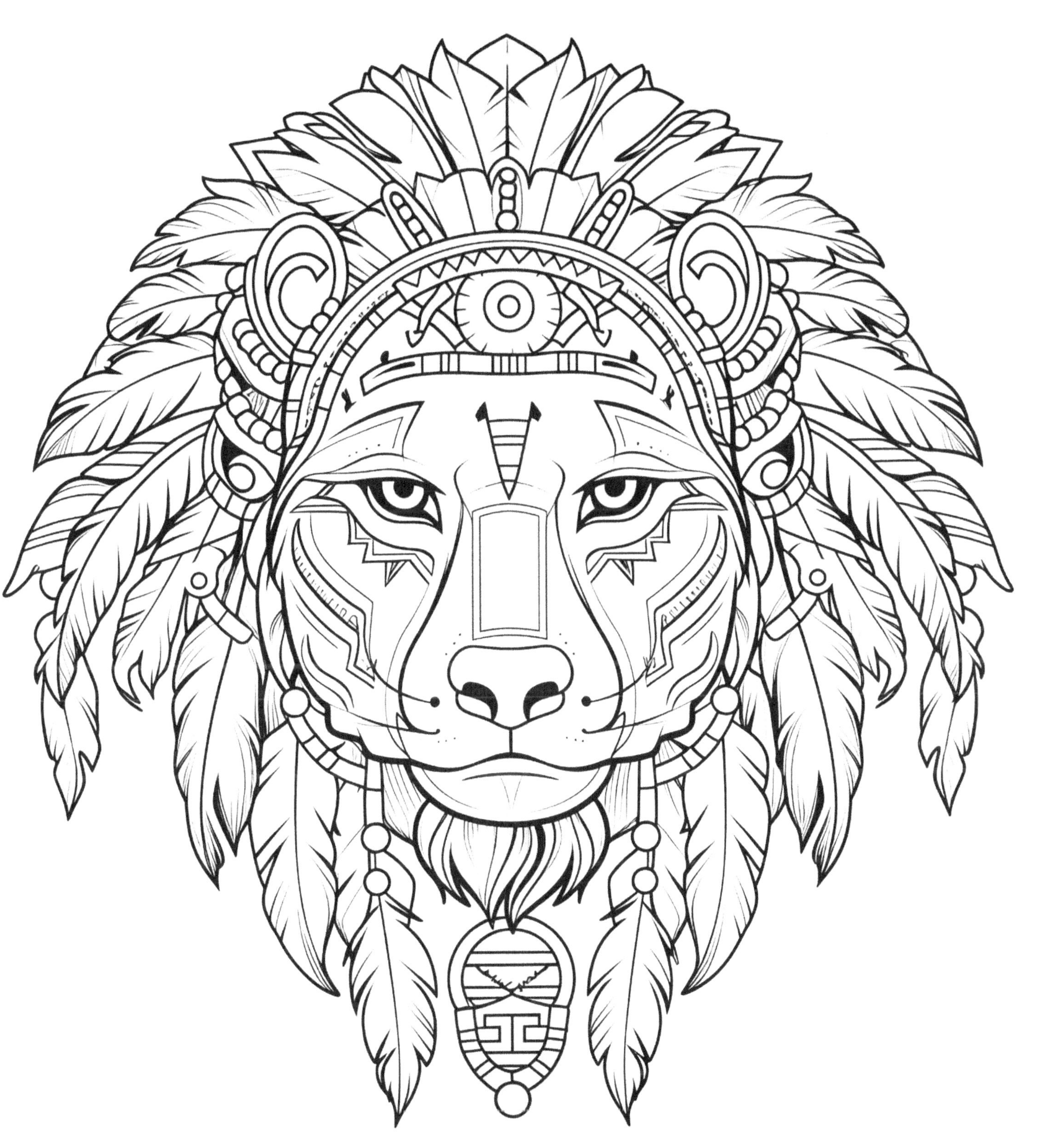

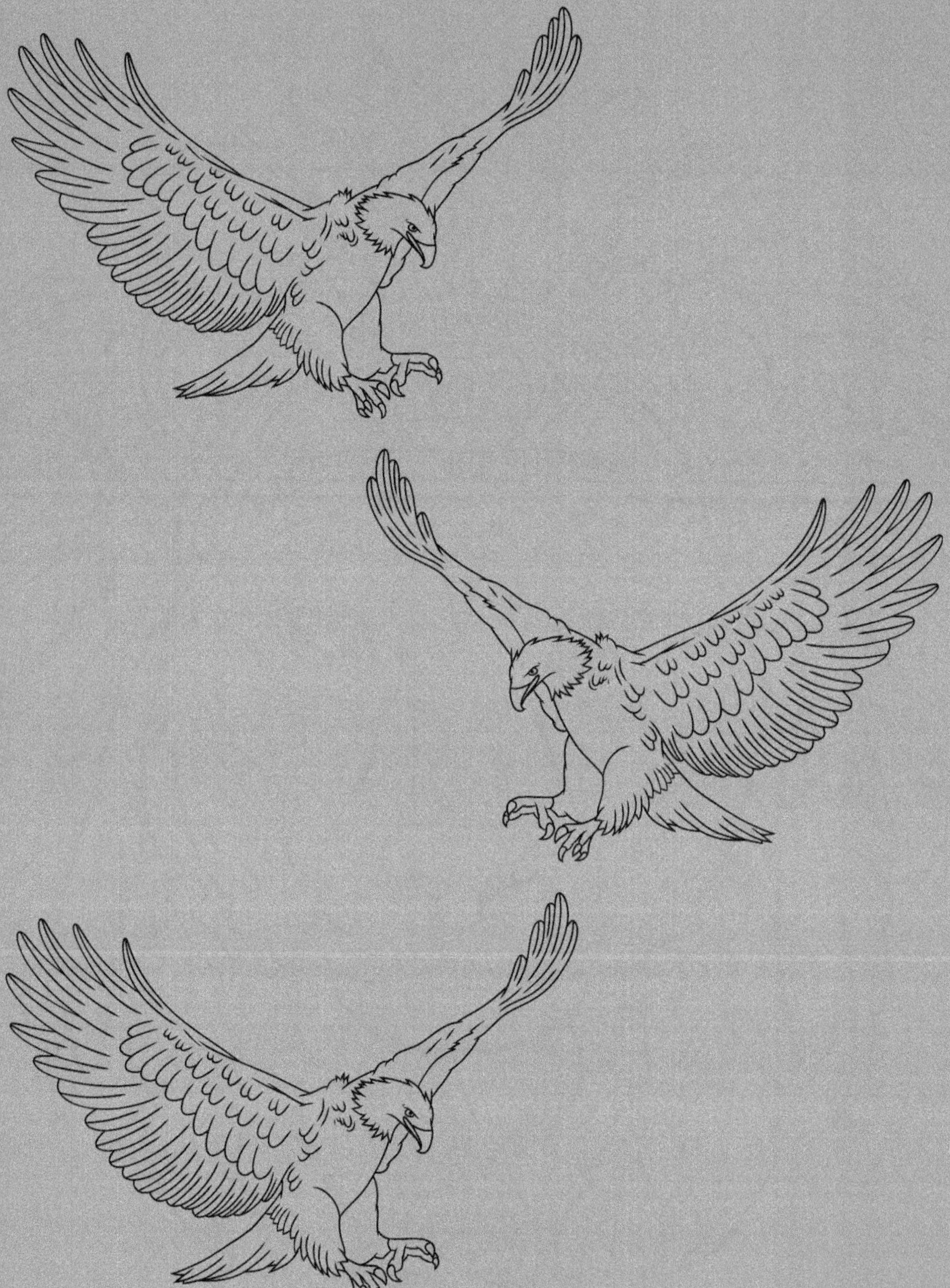

NINFHEA
BOOK CREATOR

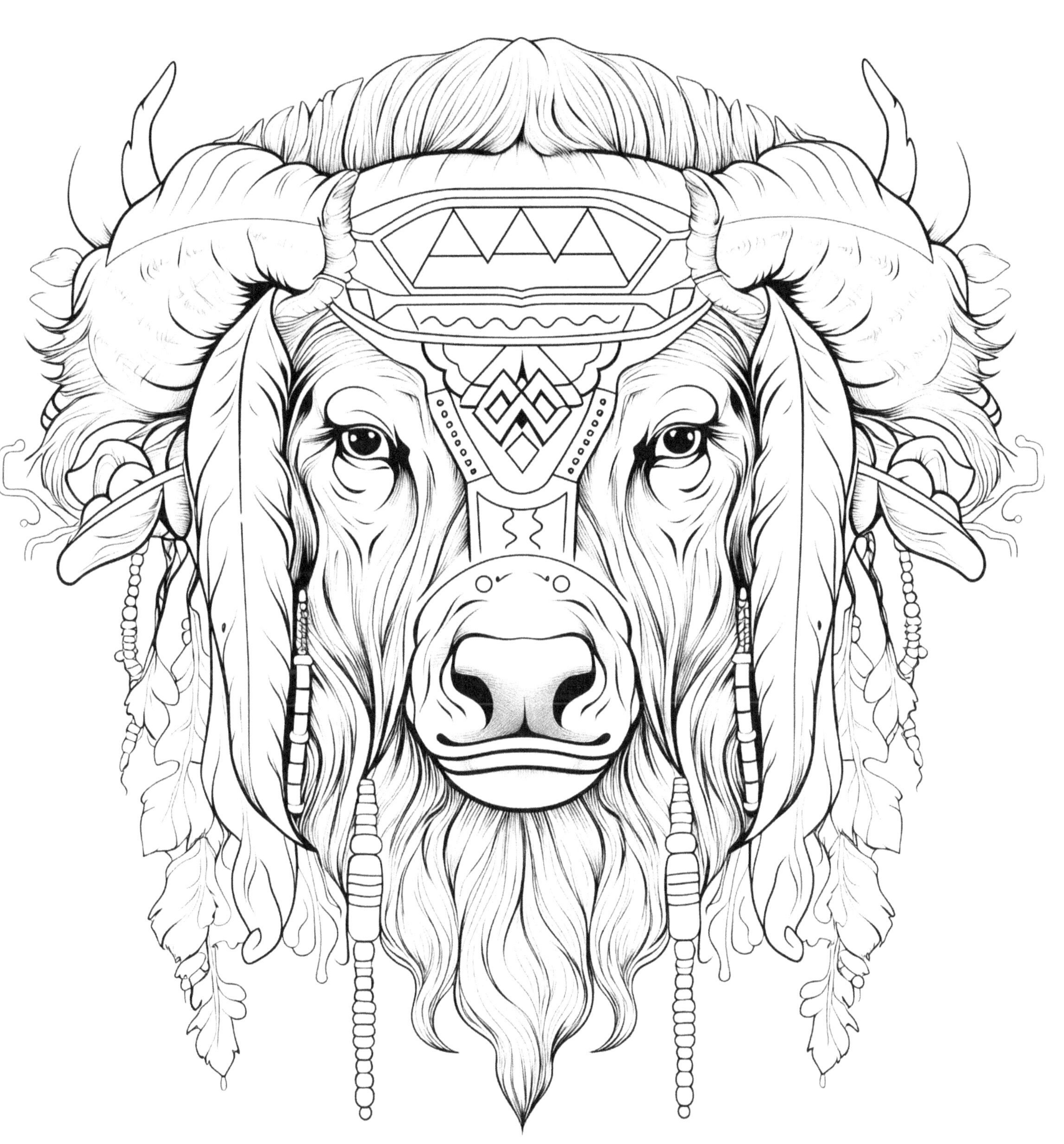

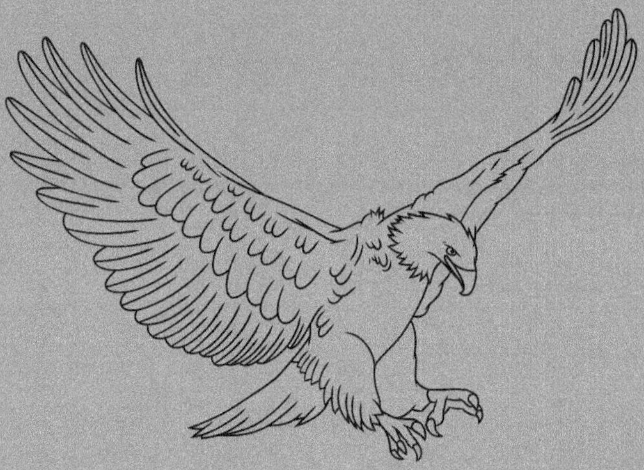

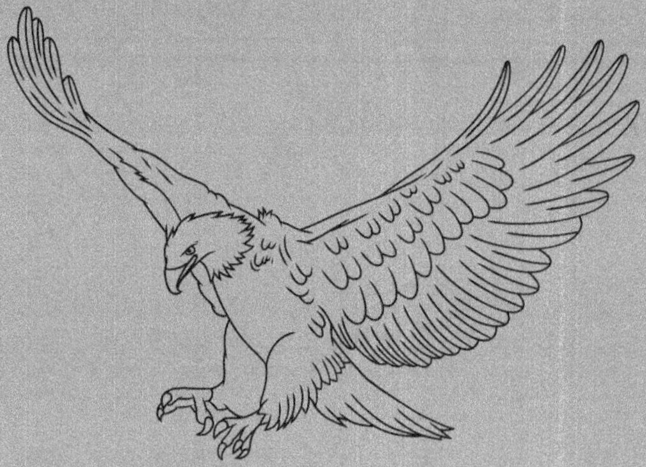

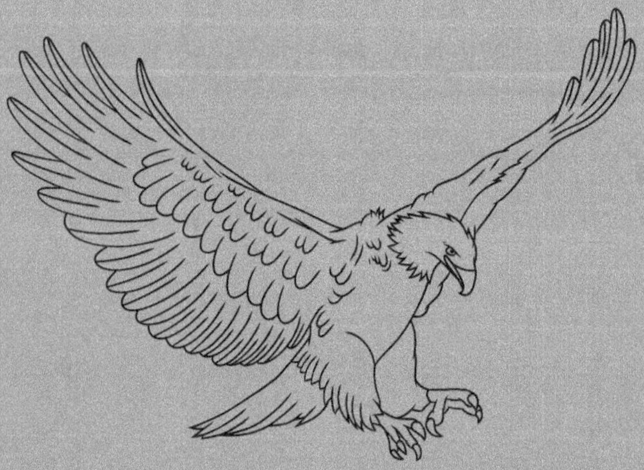

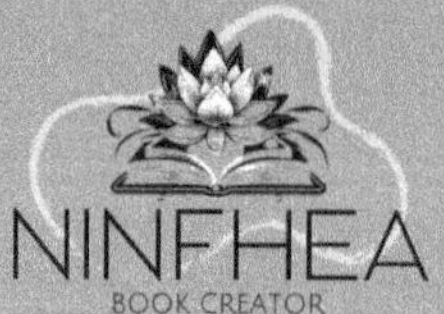

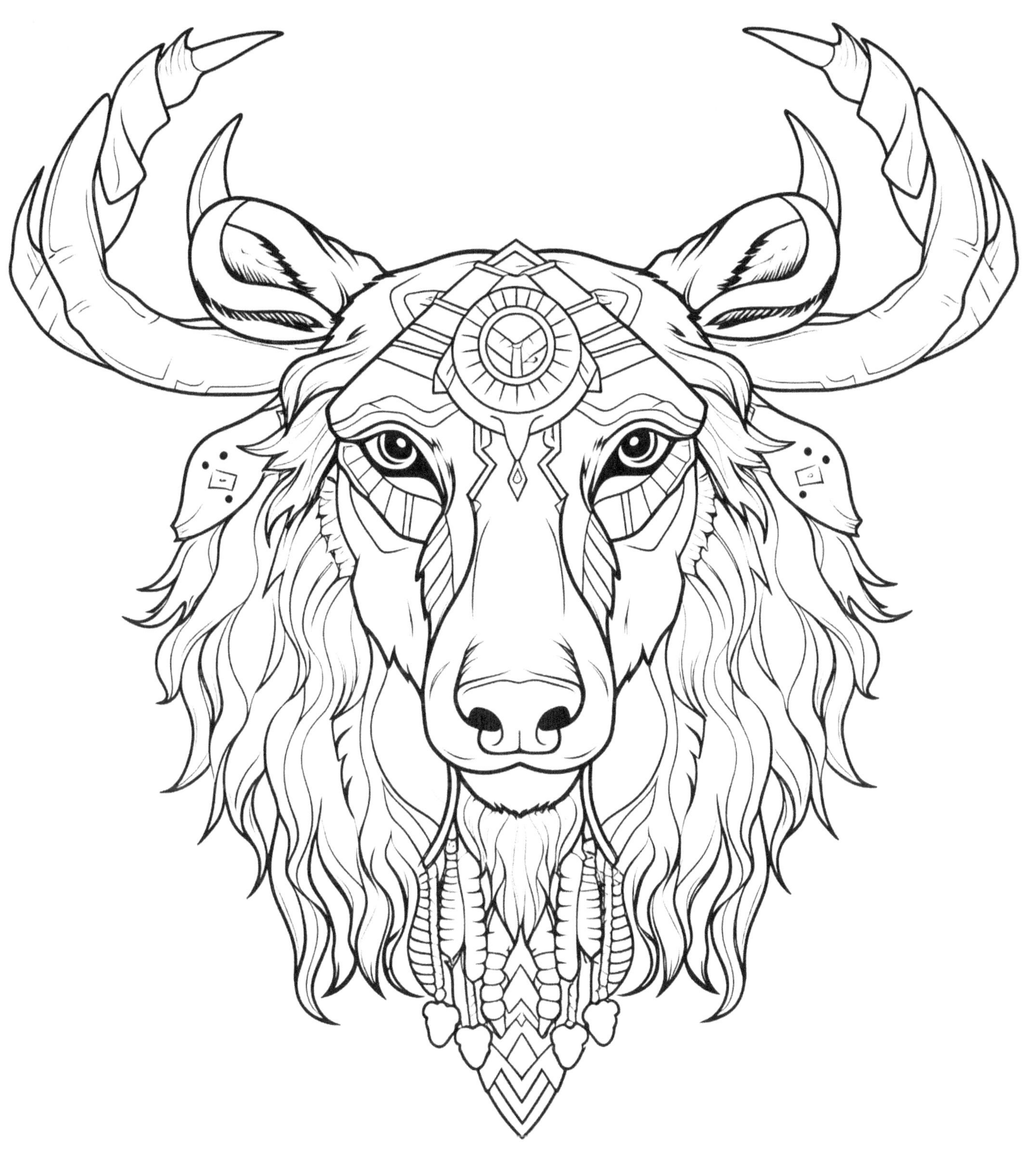

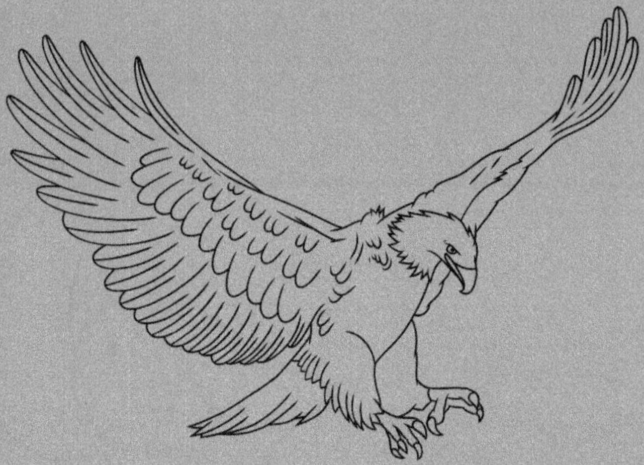

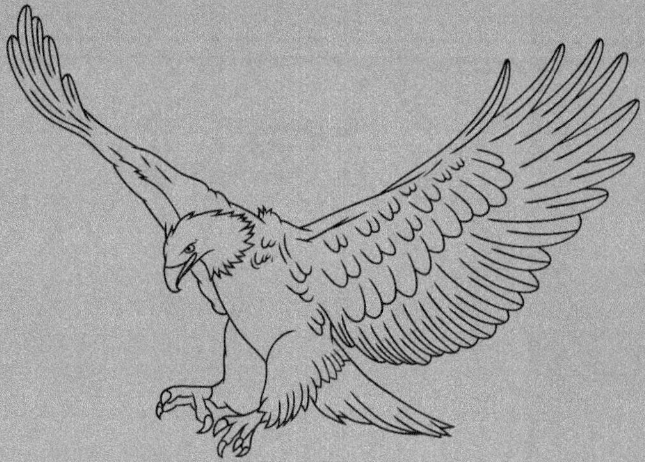

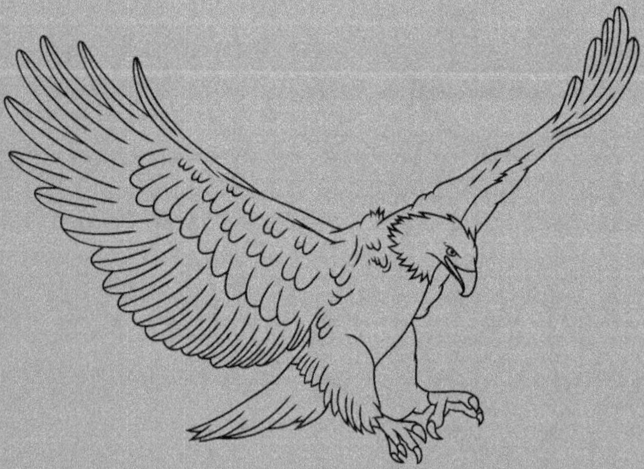

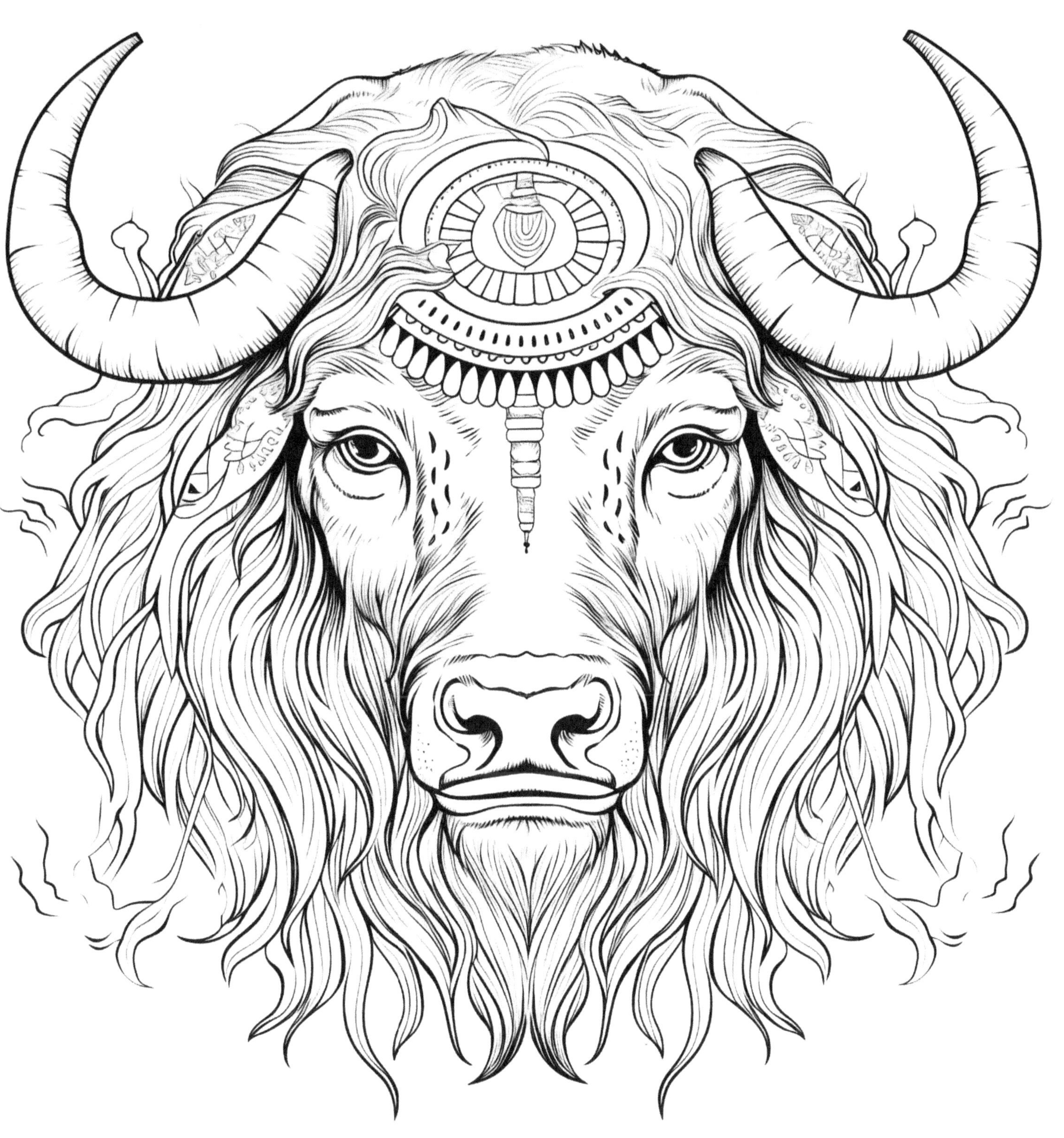

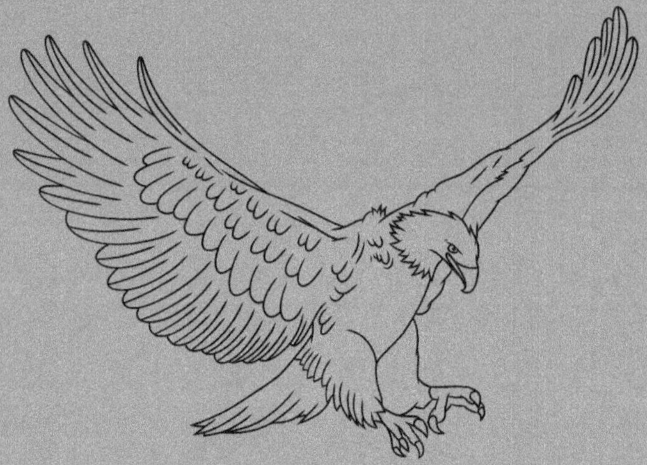

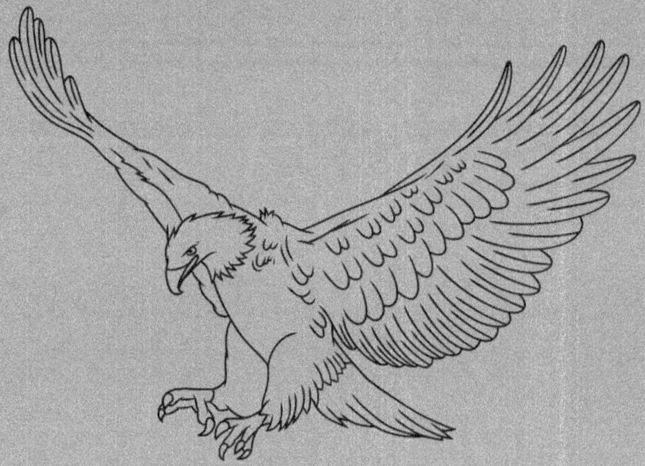

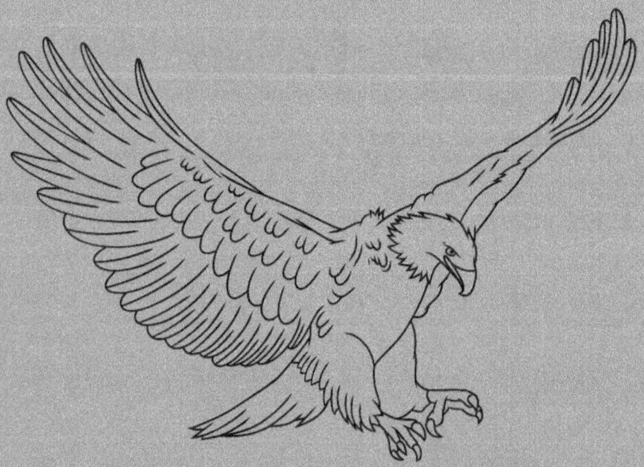

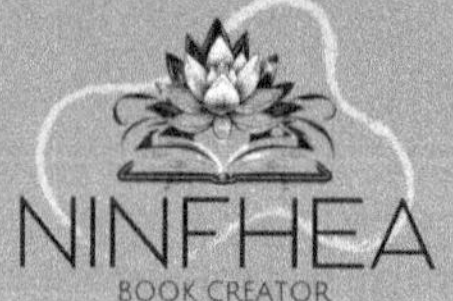

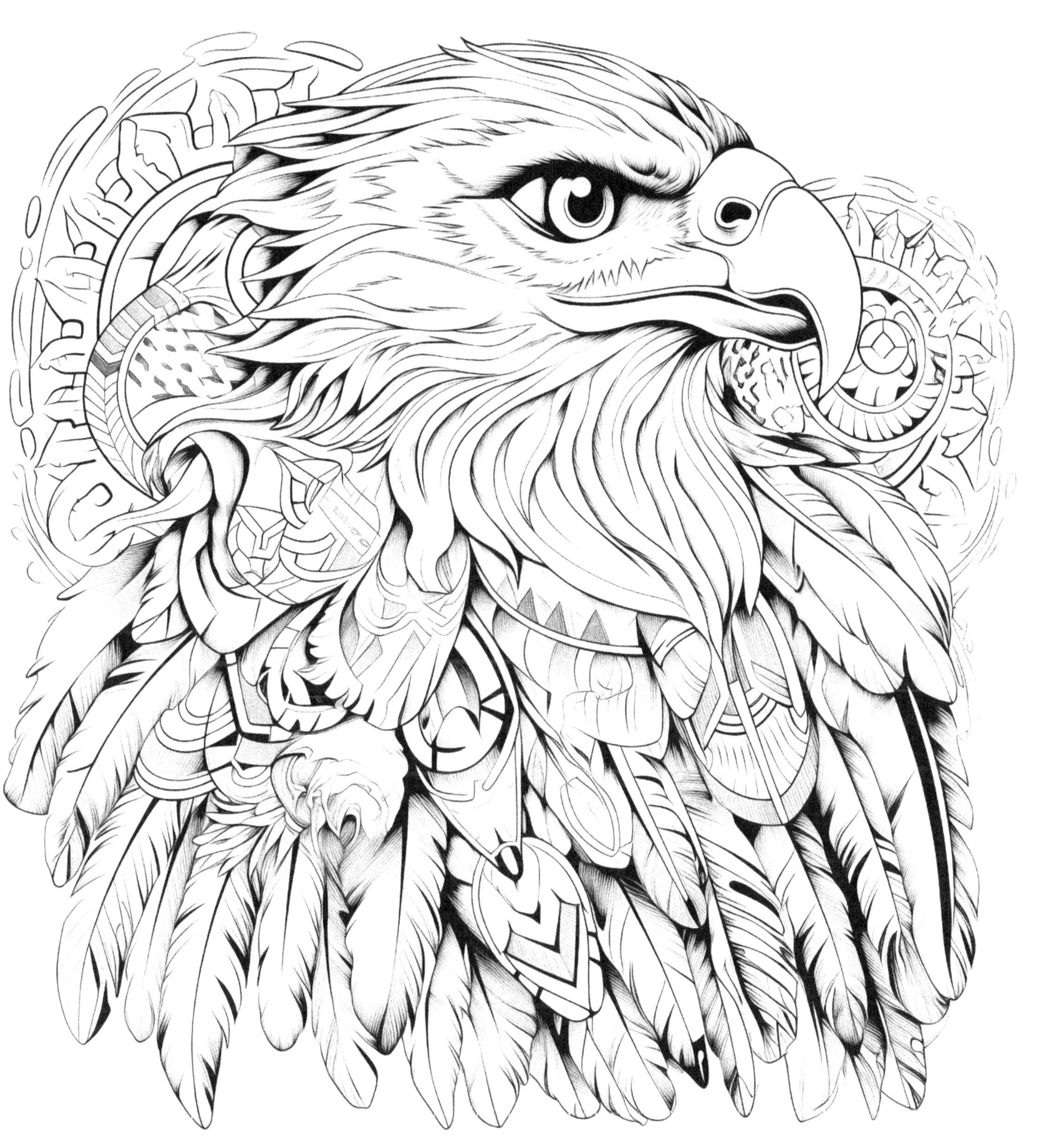

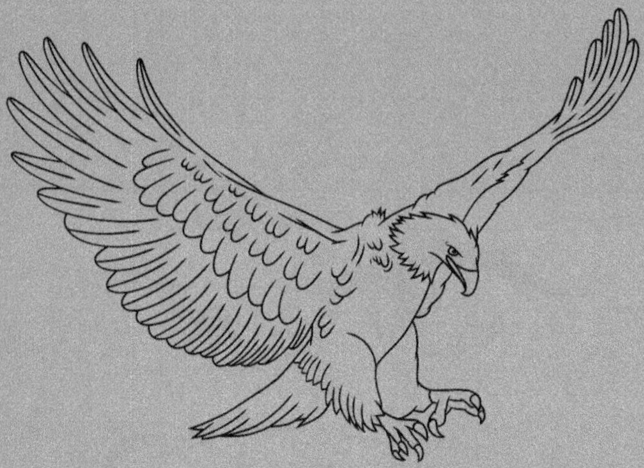

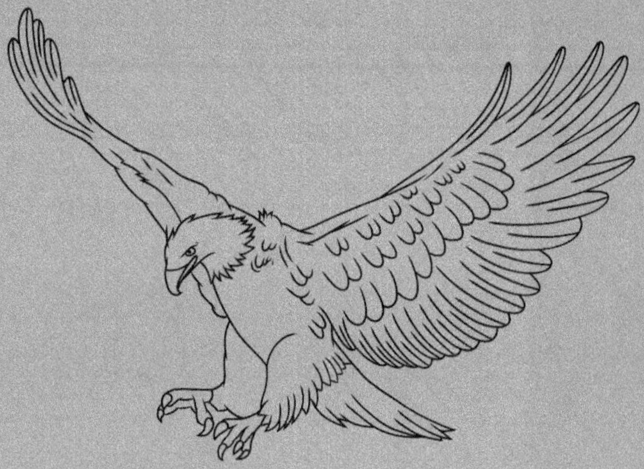

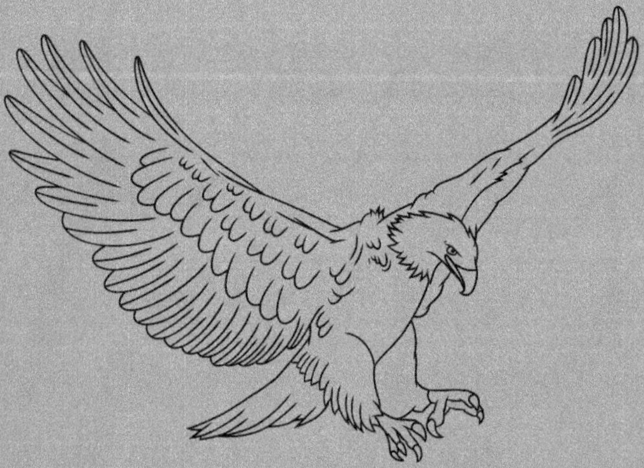

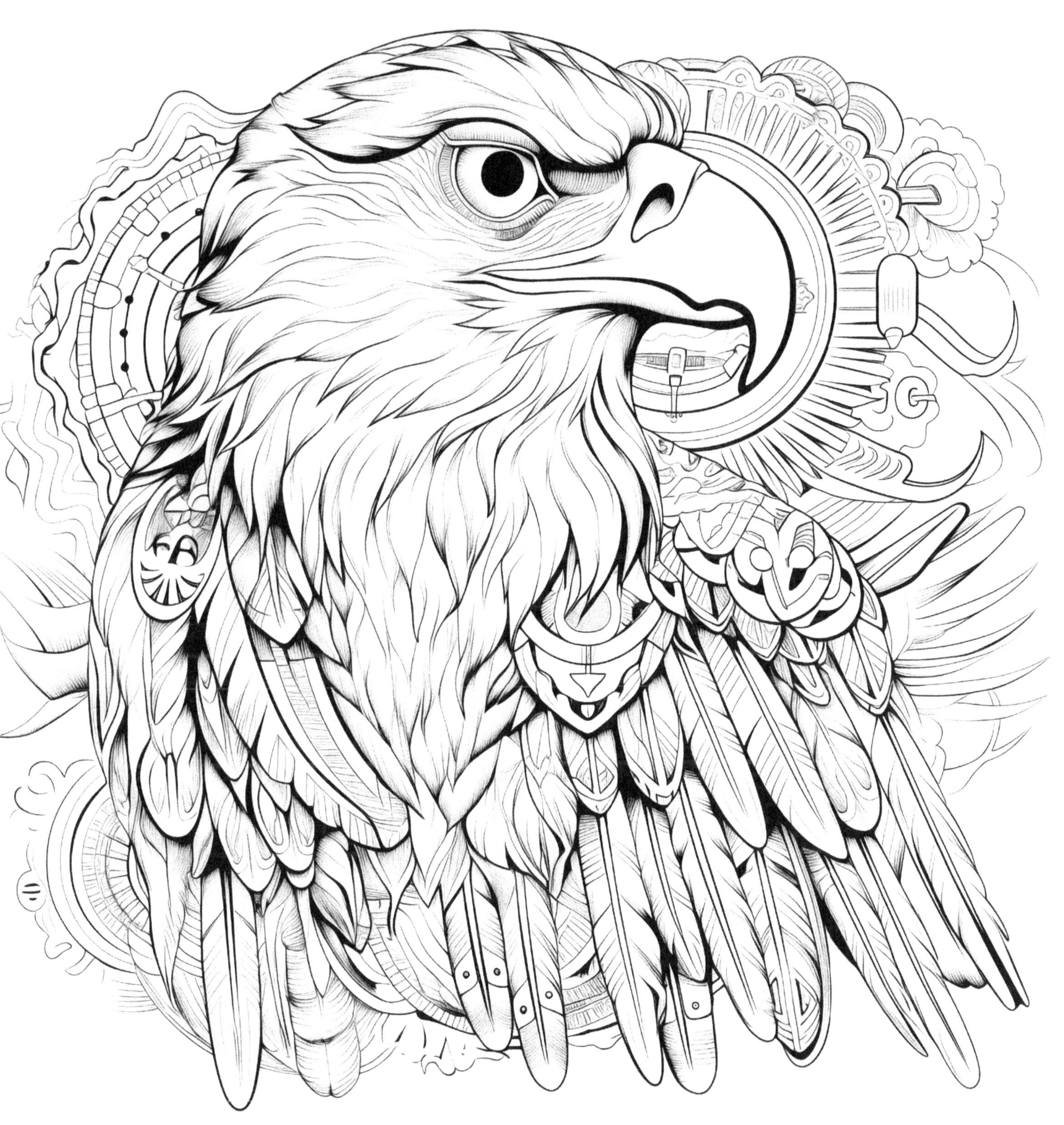

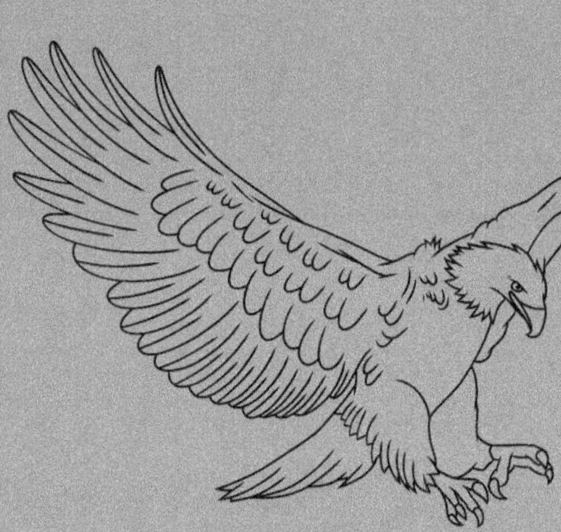

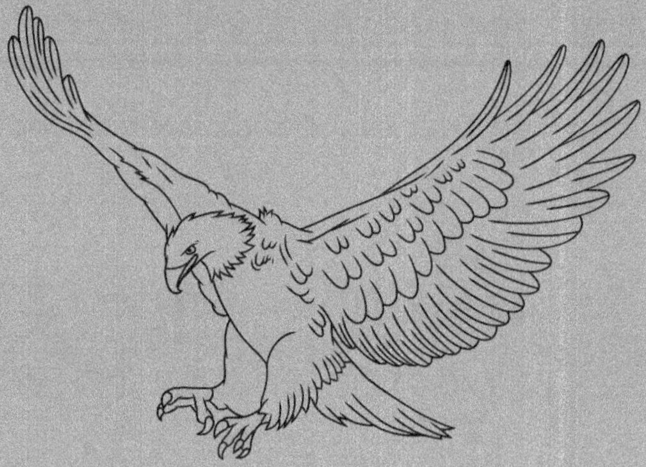

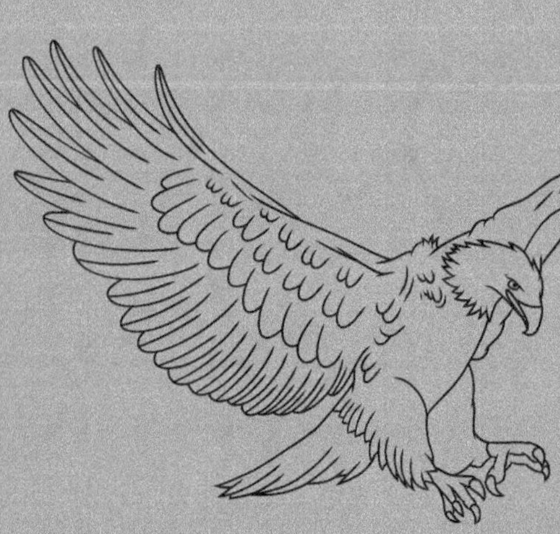

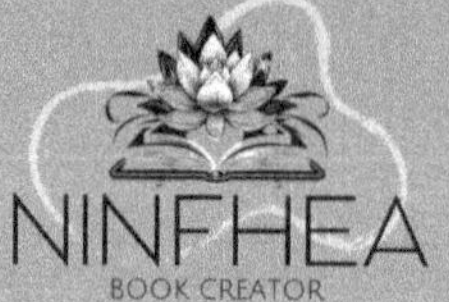

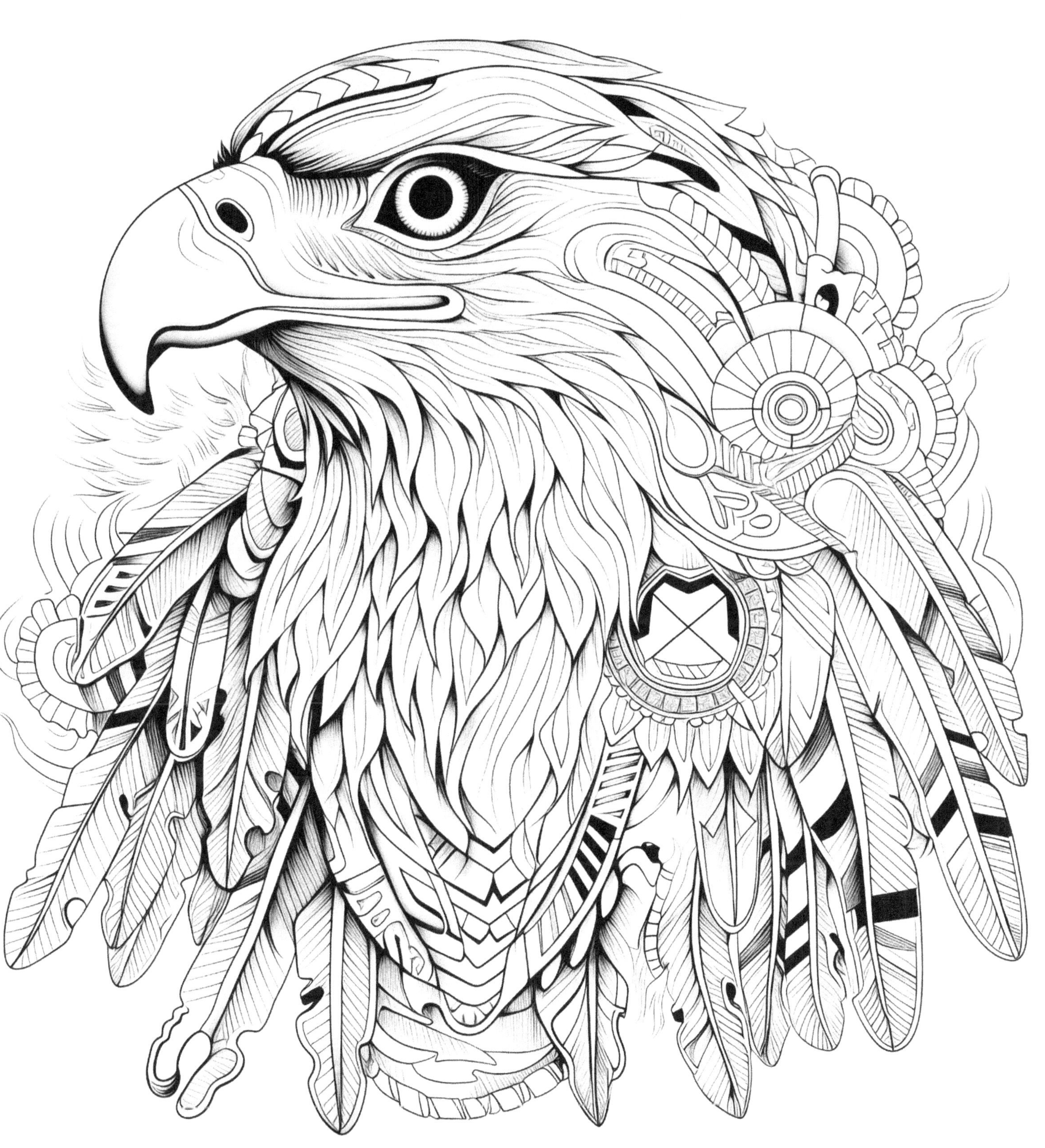

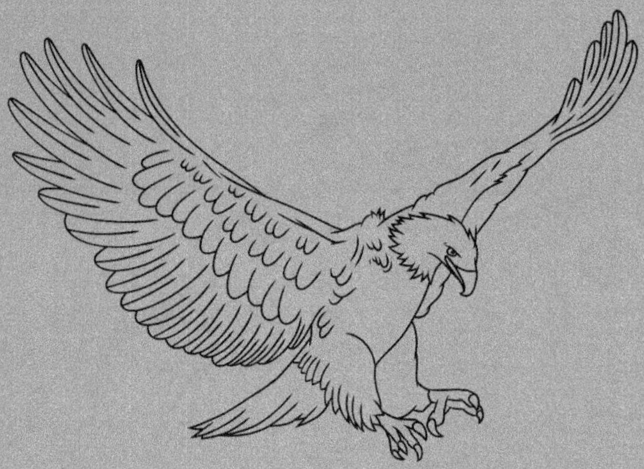

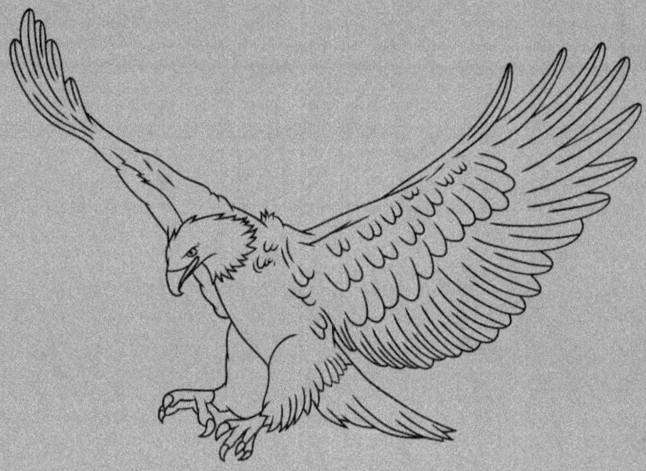

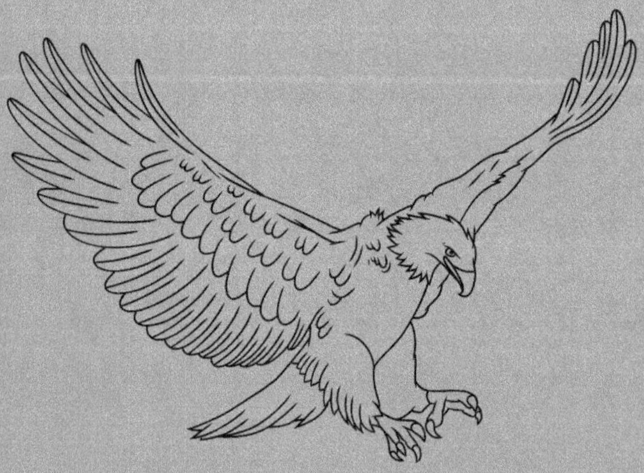

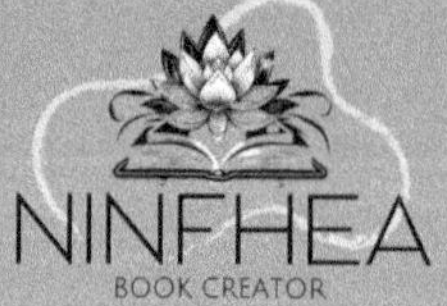

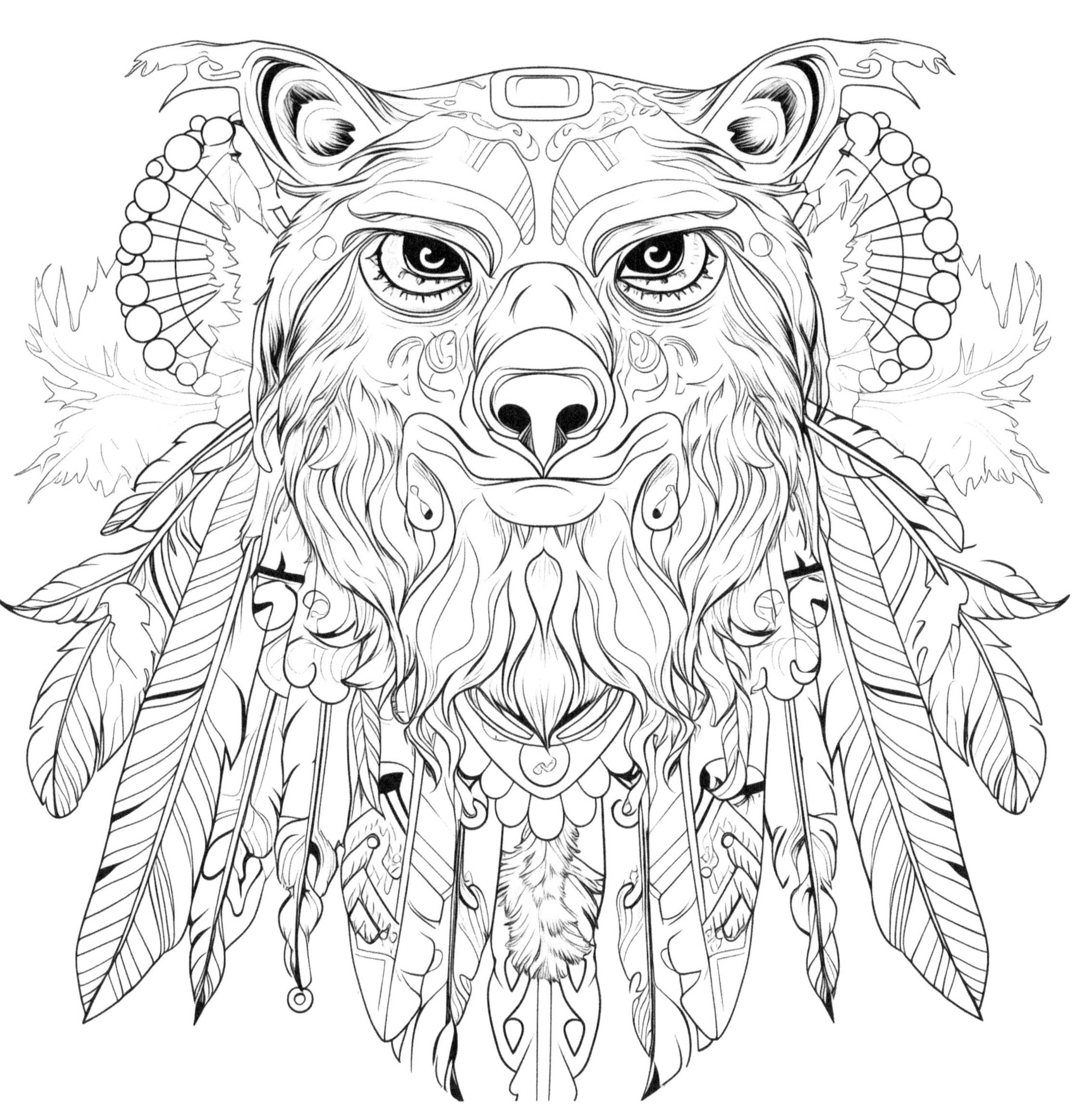

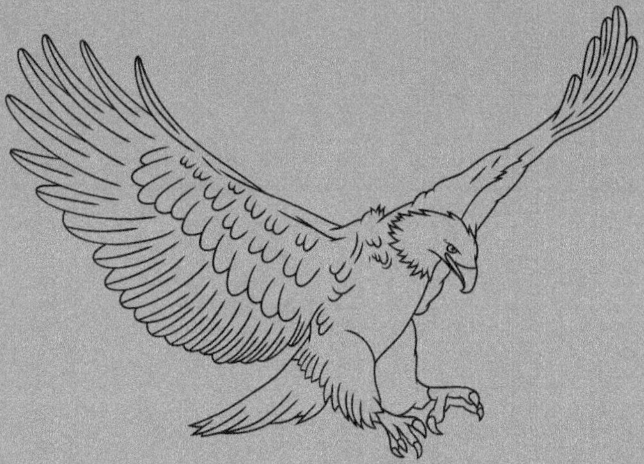

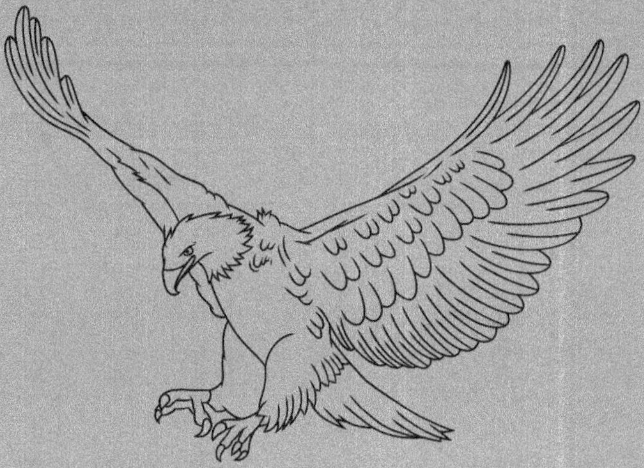

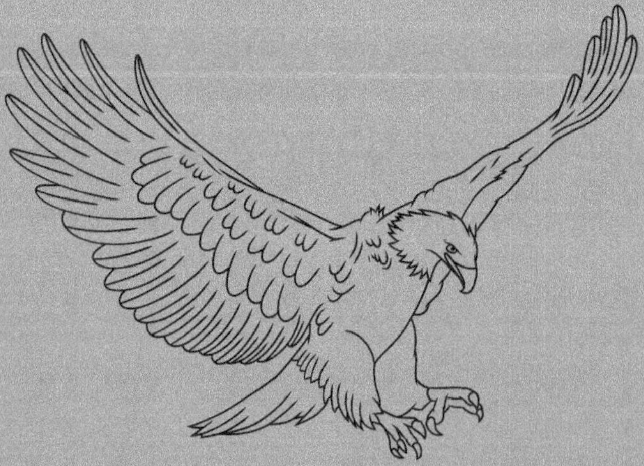

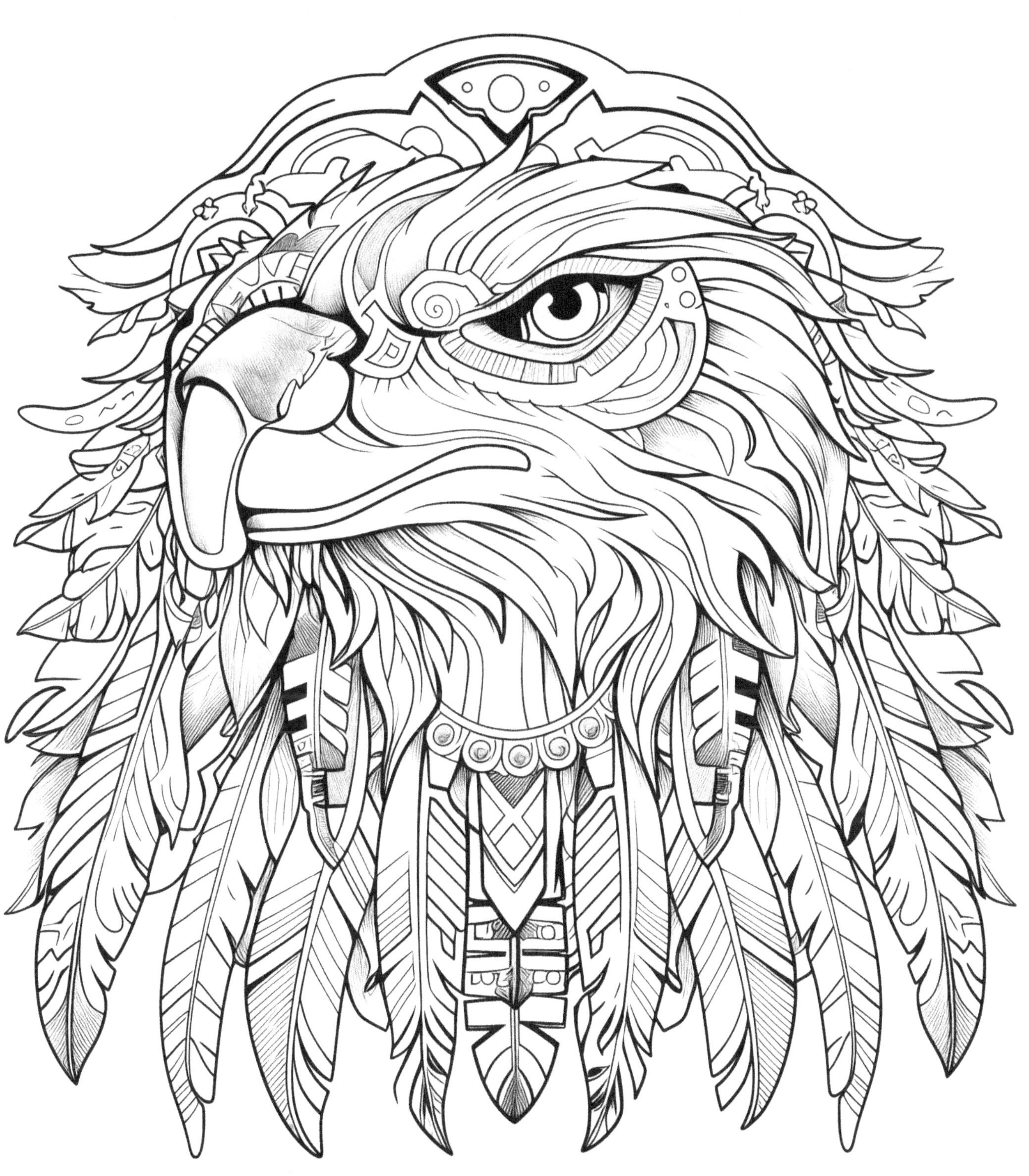

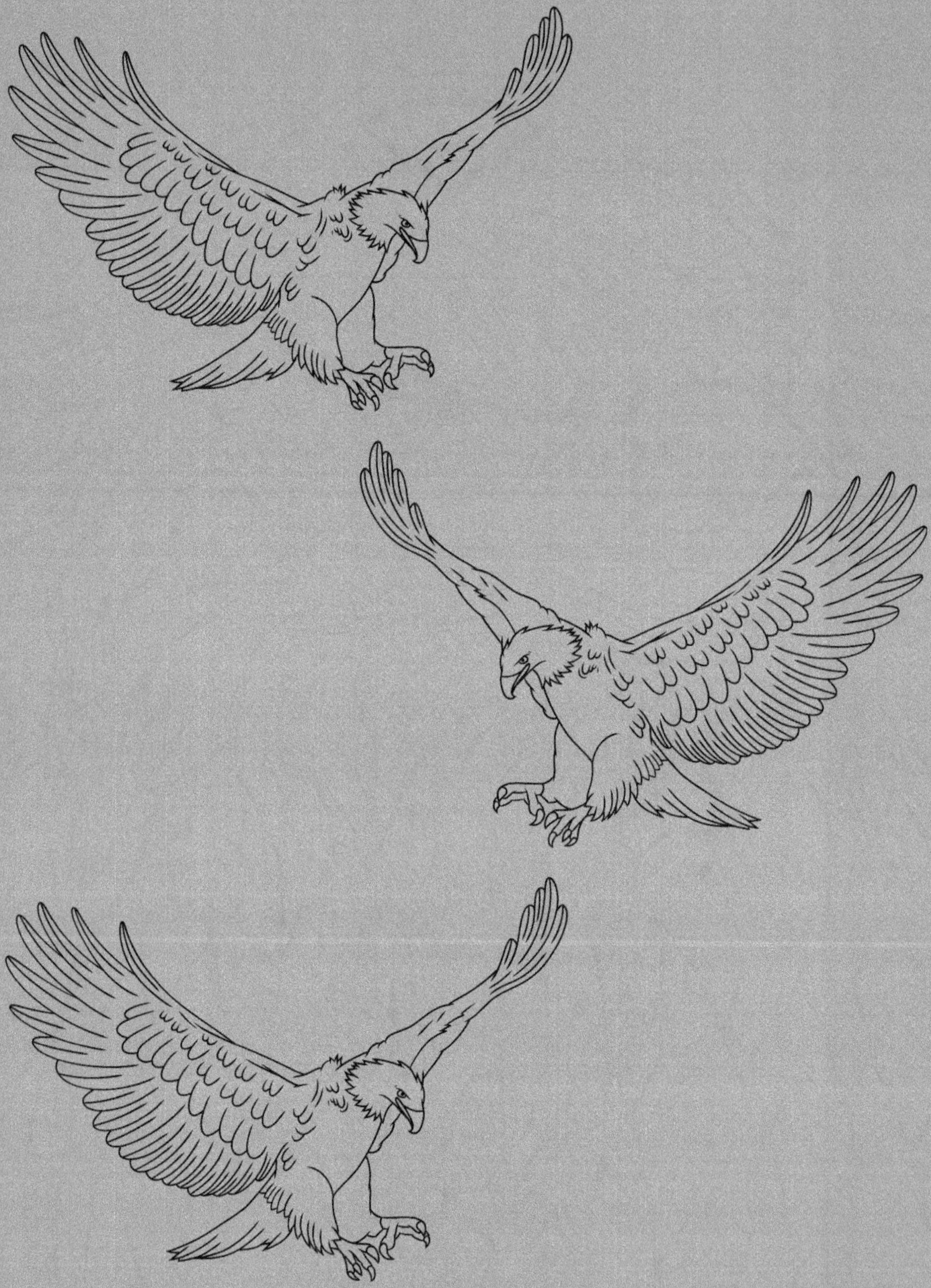

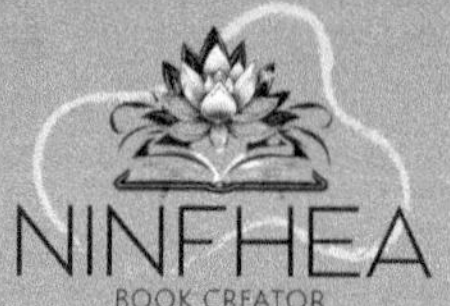

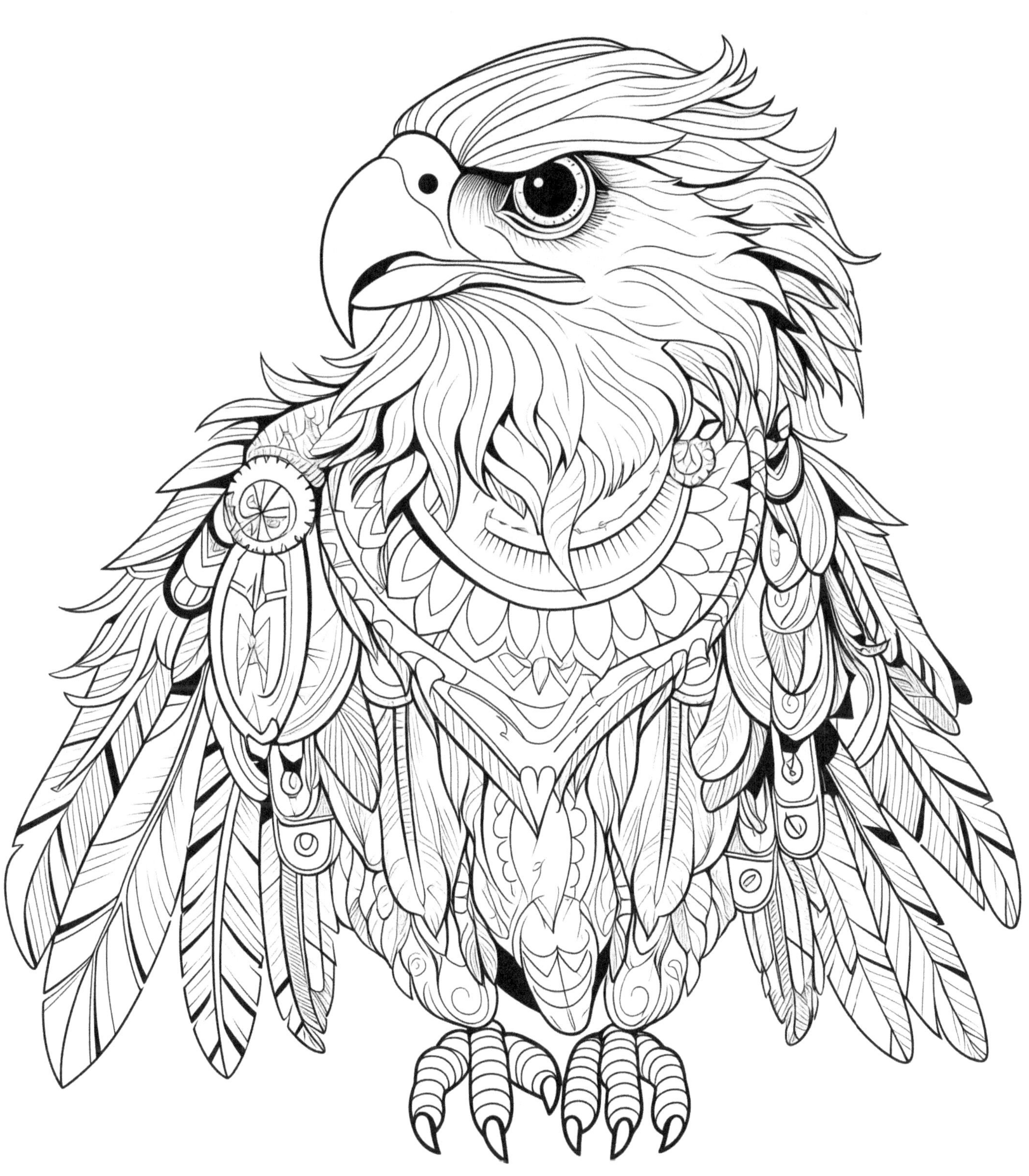

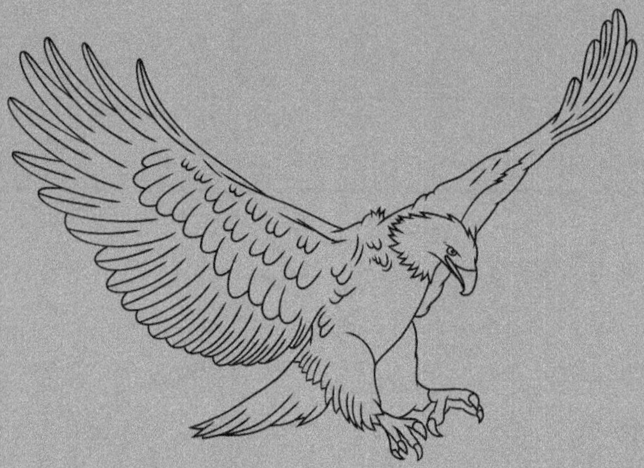

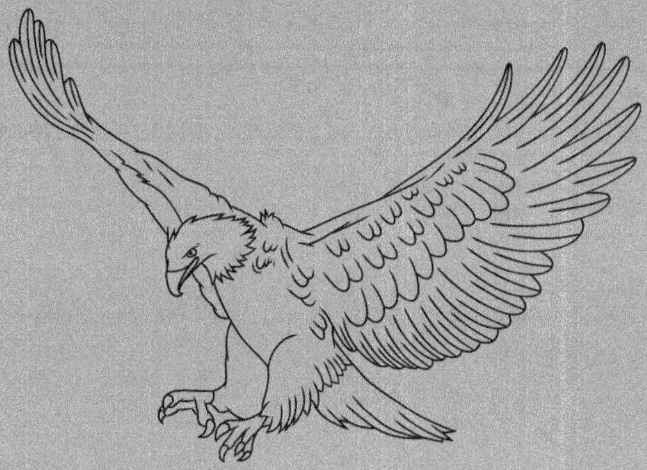

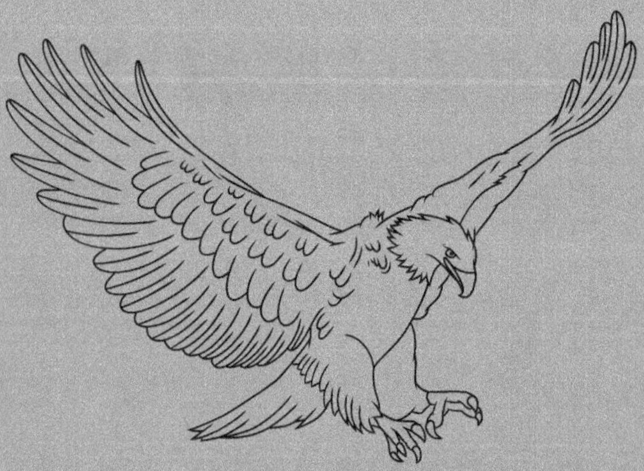

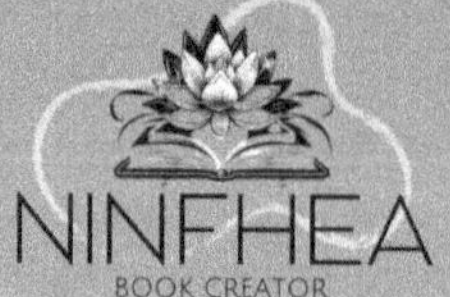
NINFHEA
BOOK CREATOR

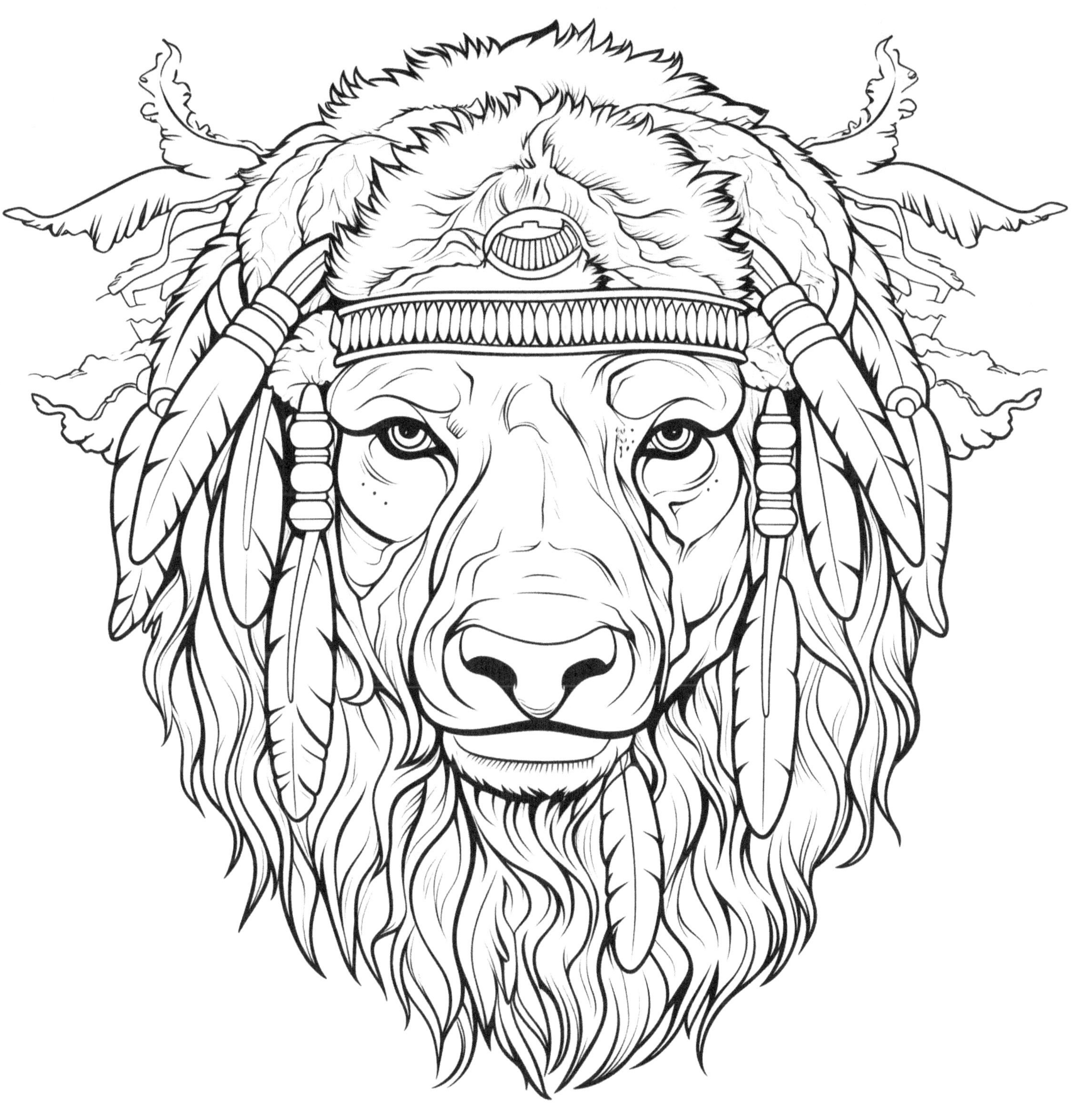

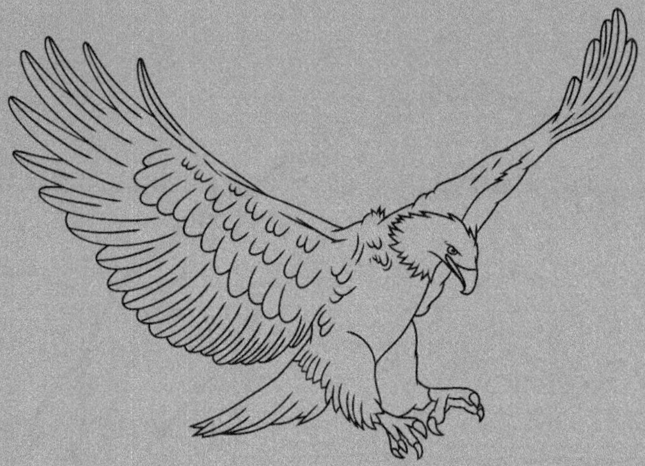

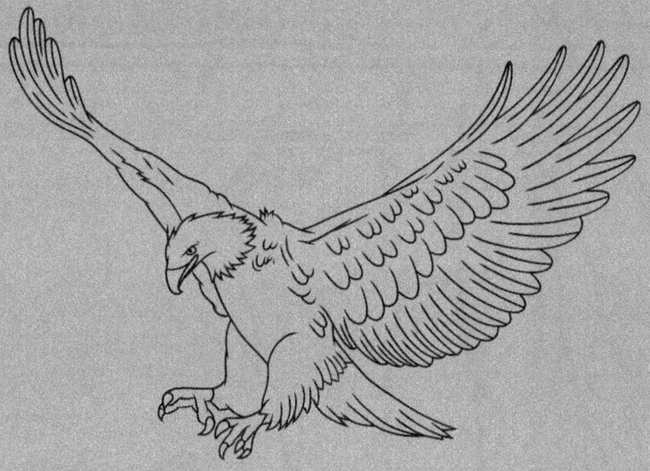

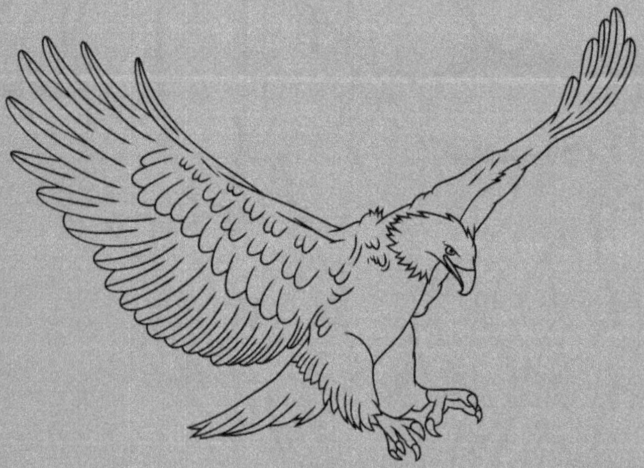

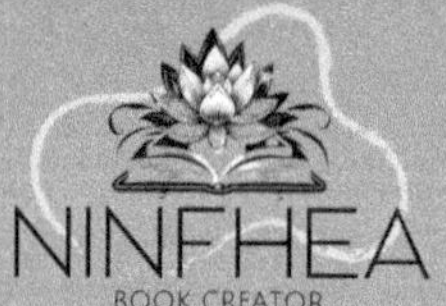

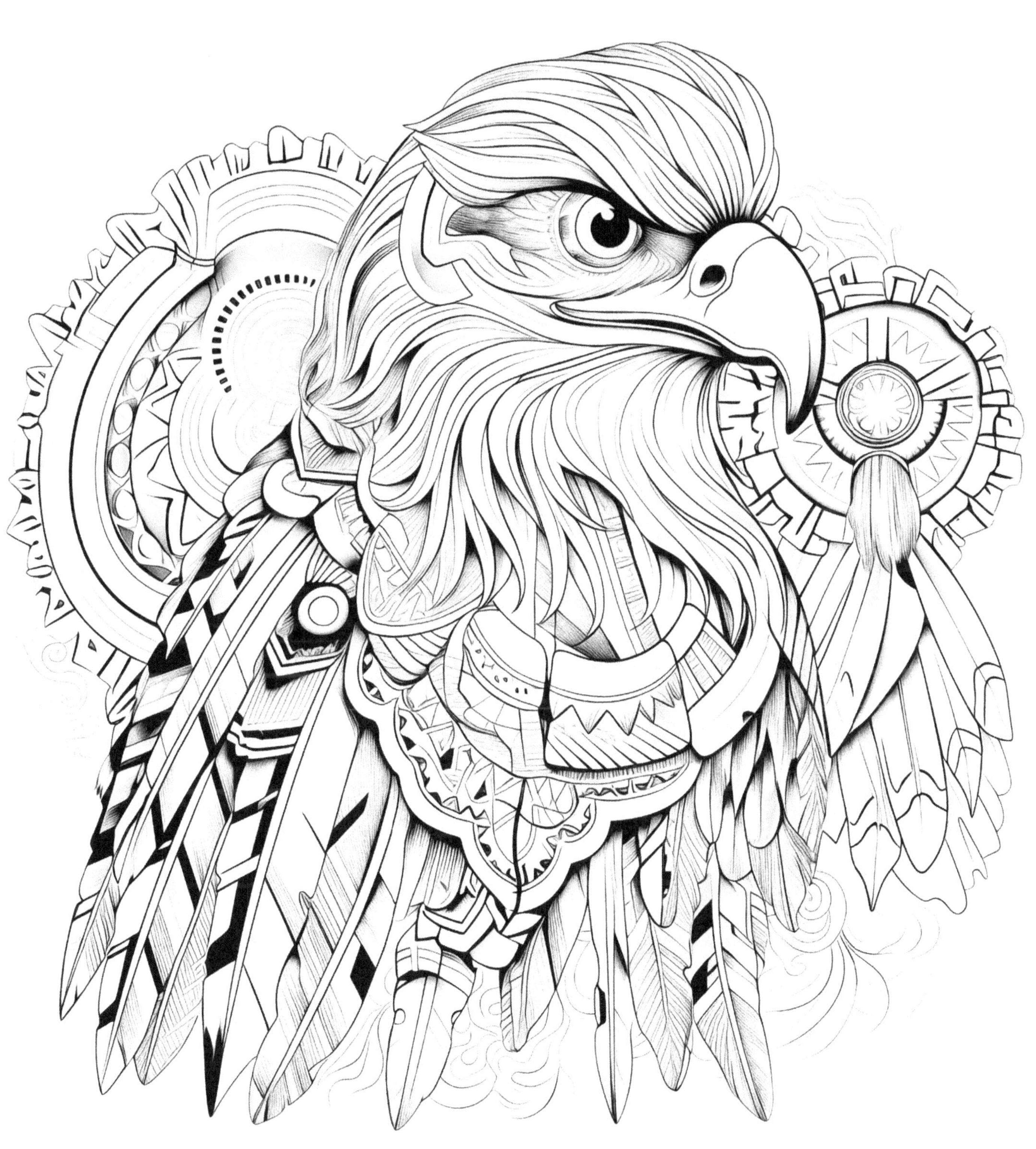

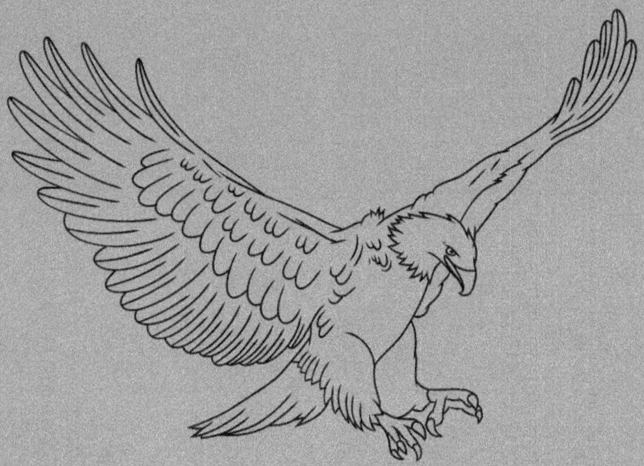

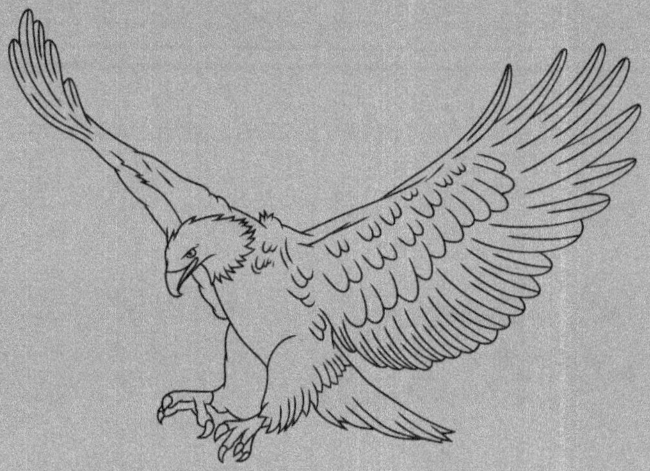

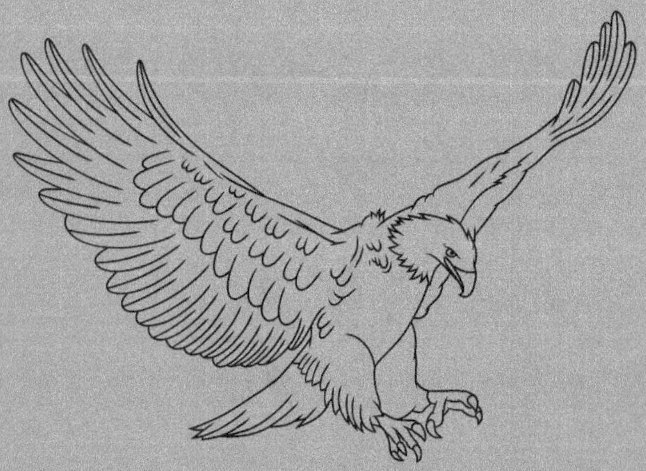

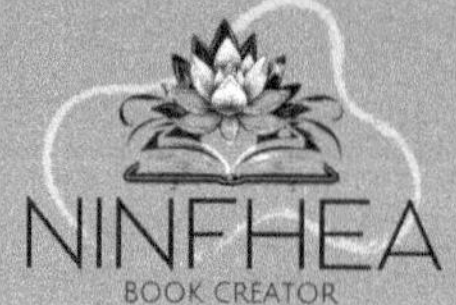

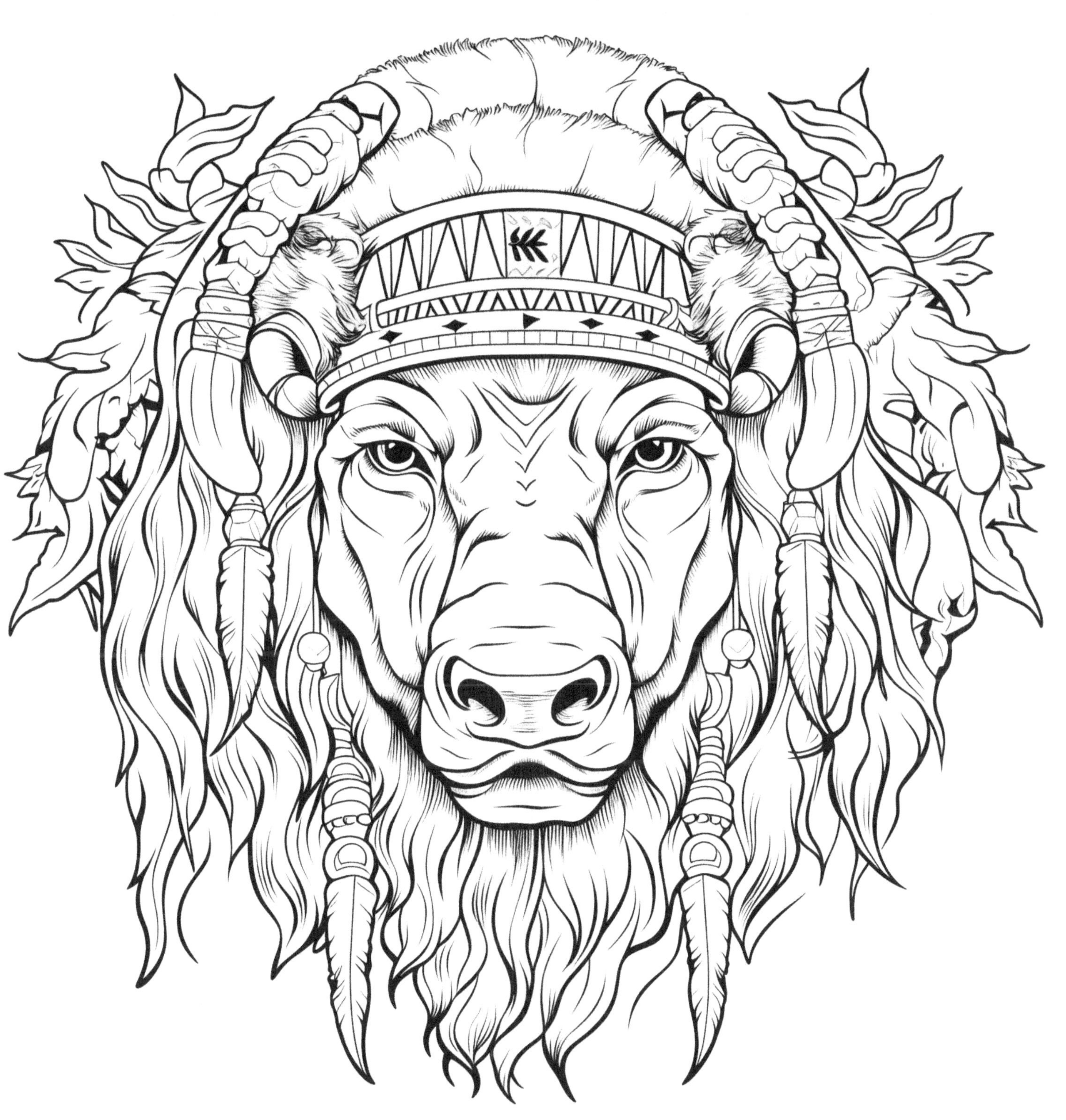

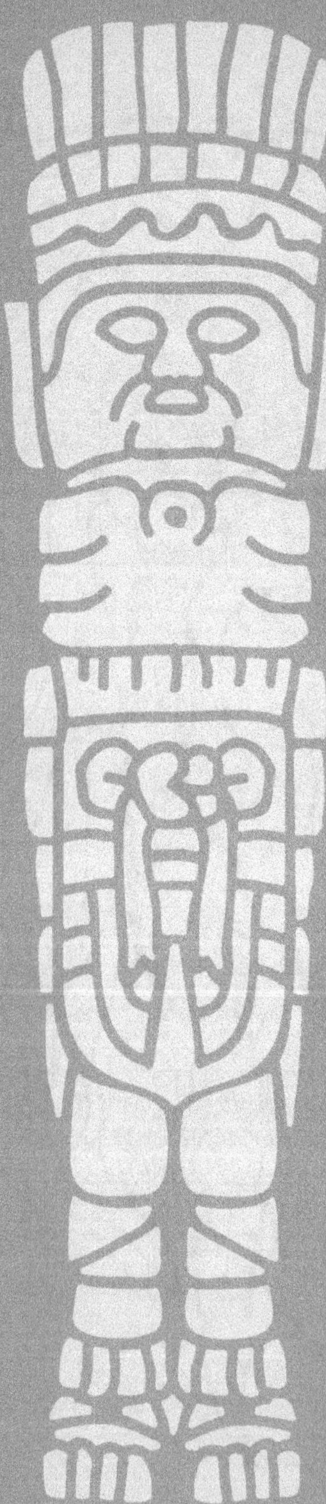
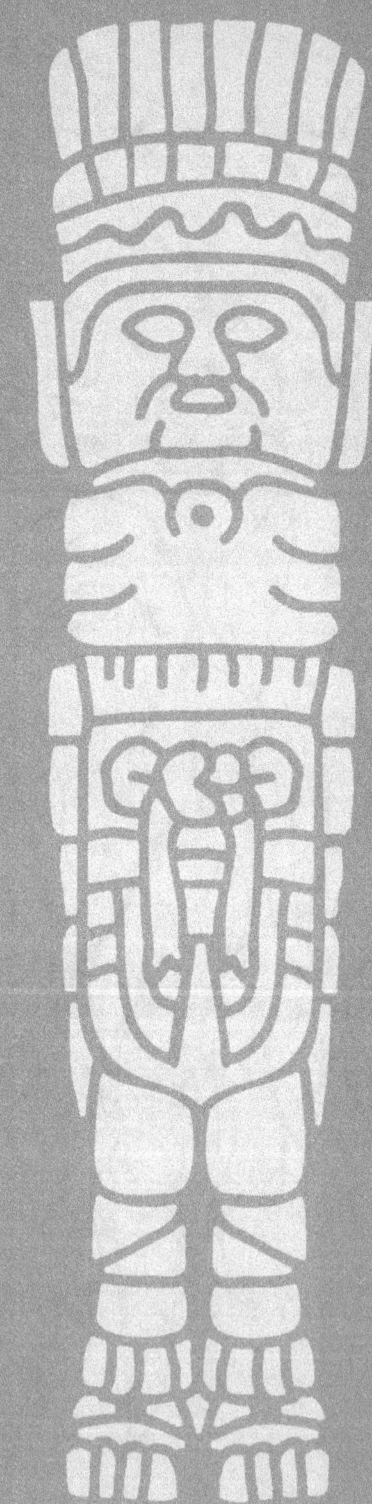
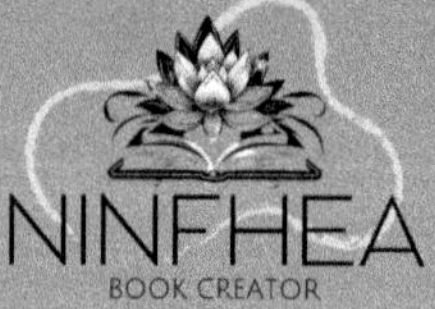
NINFHEA
BOOK CREATOR

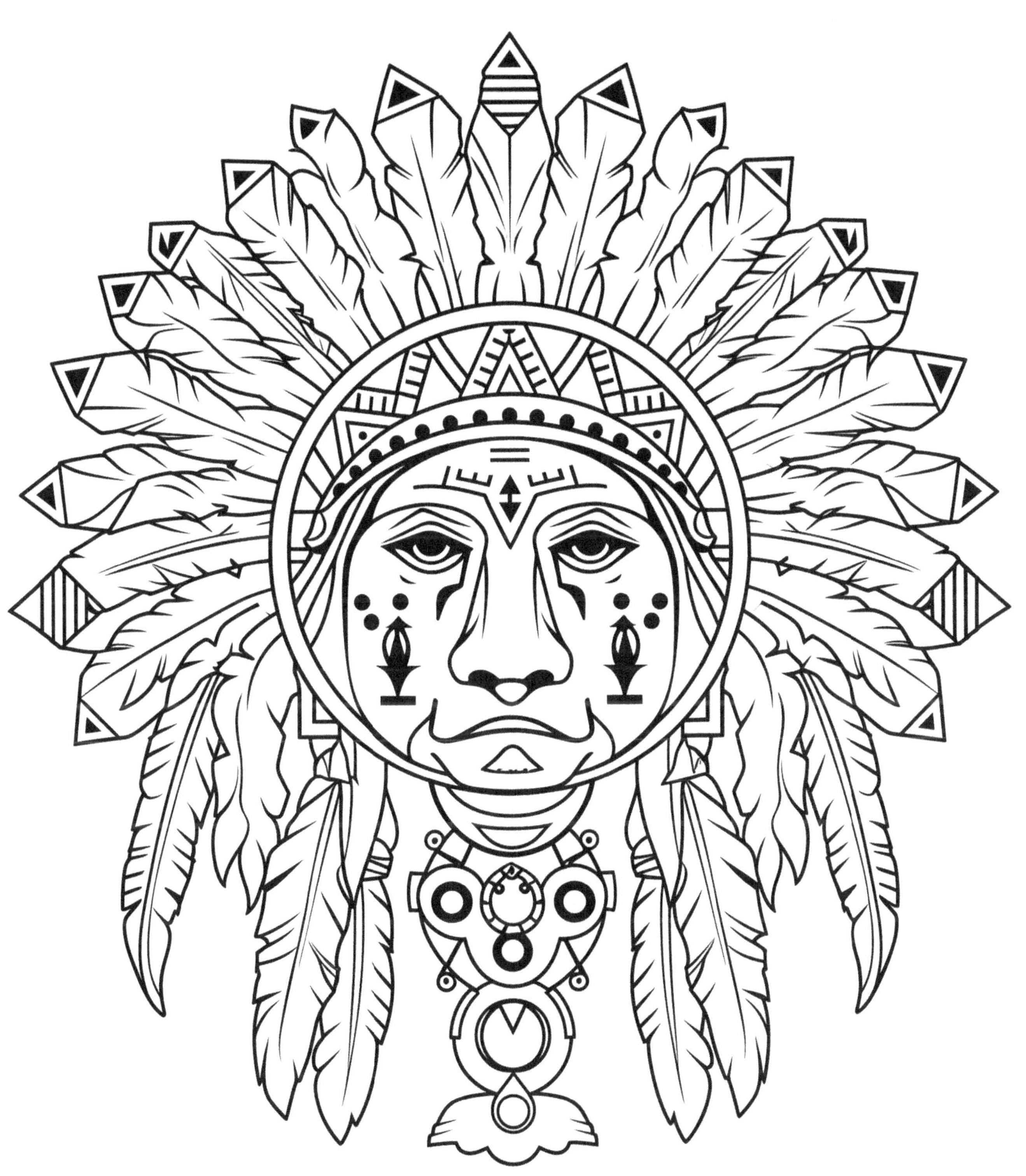

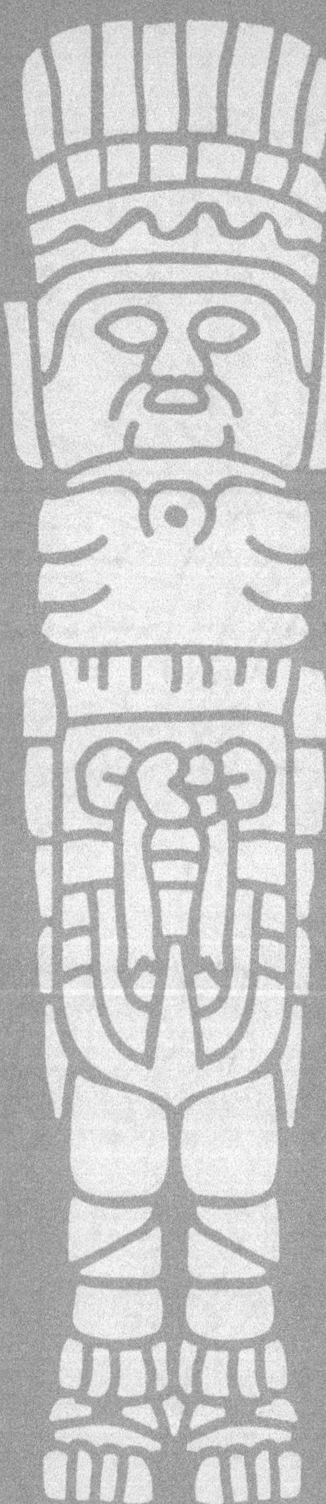
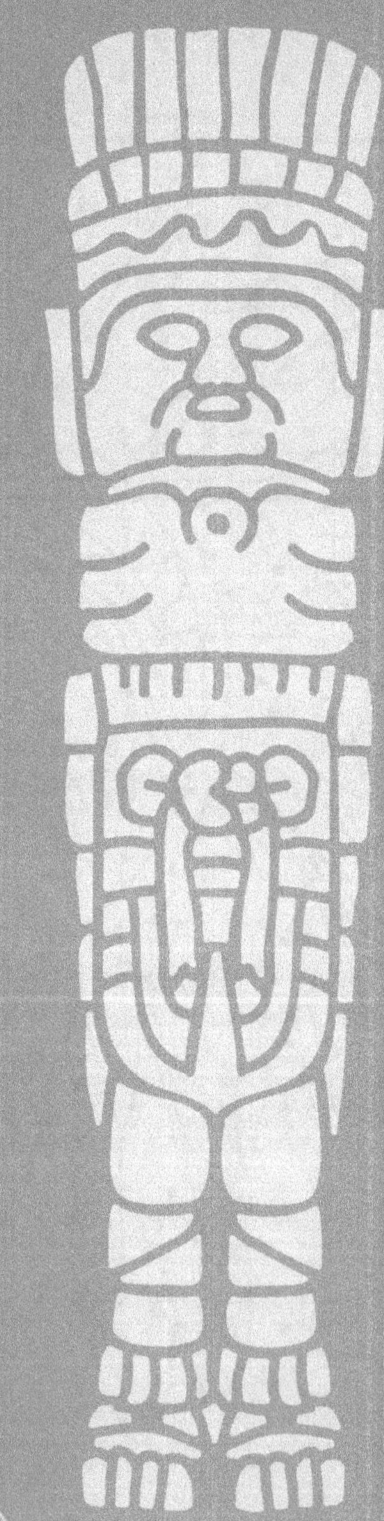
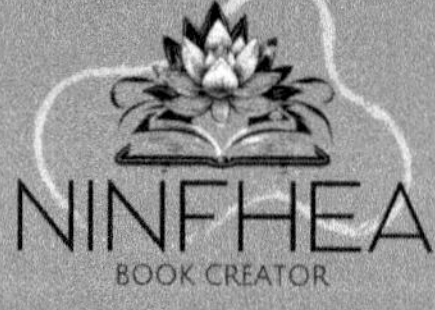

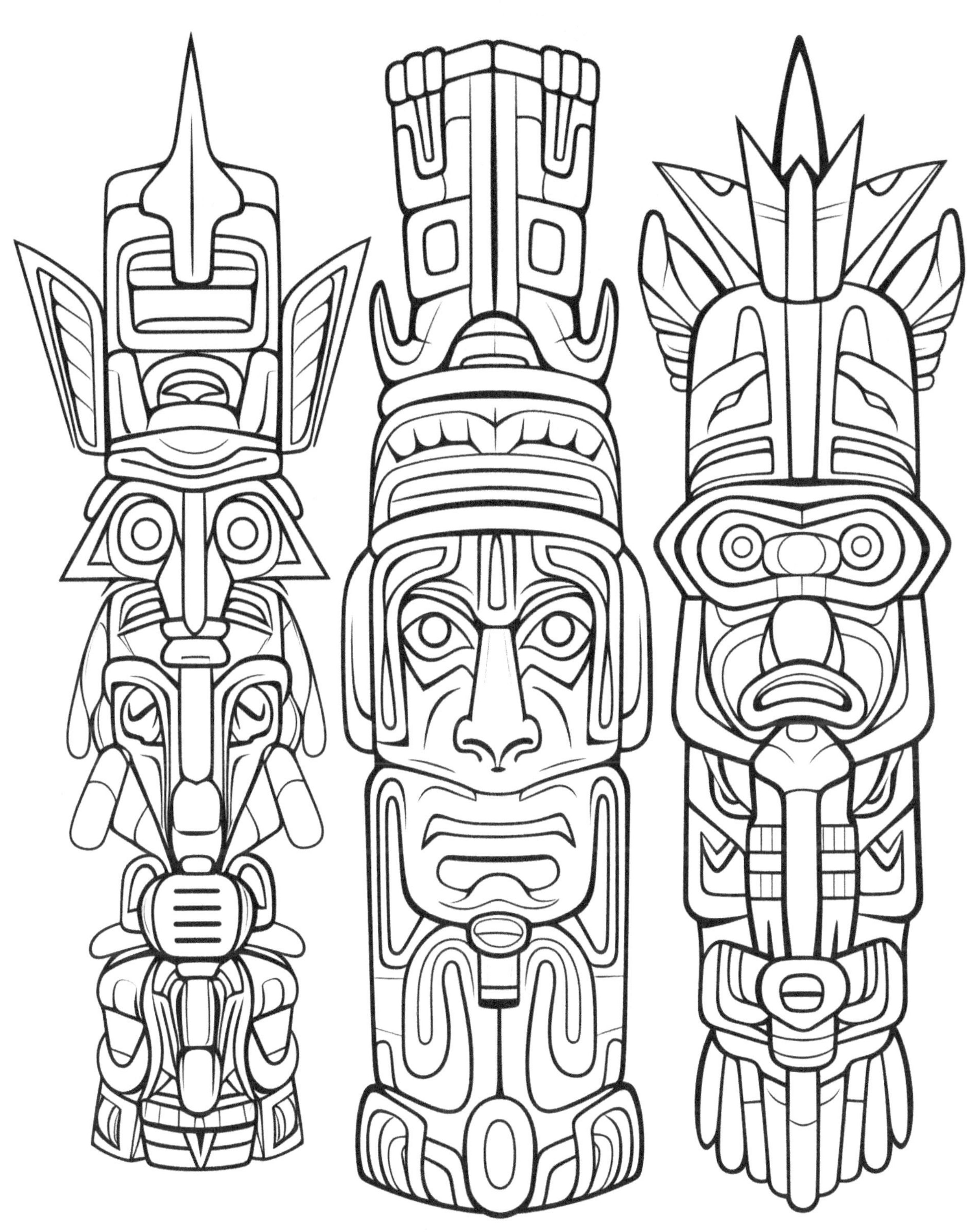

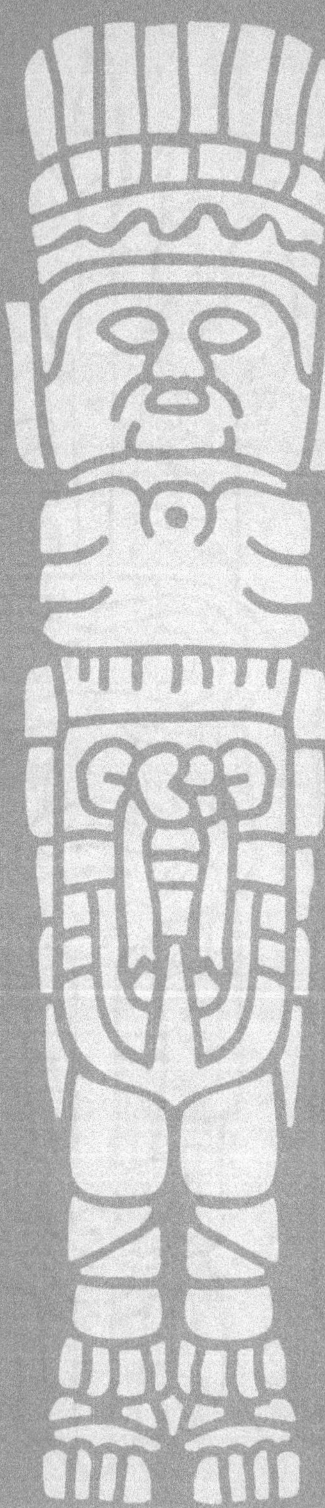
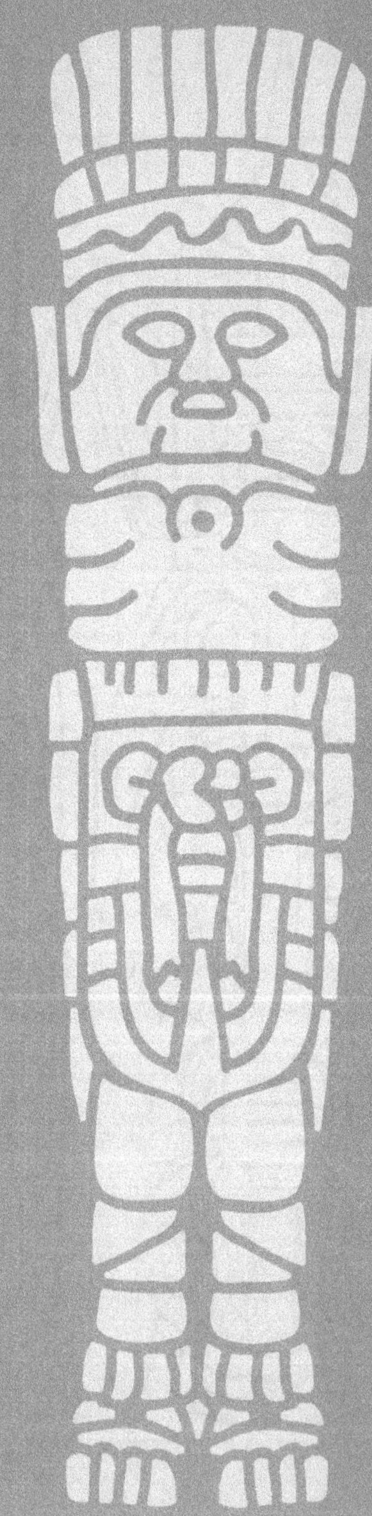
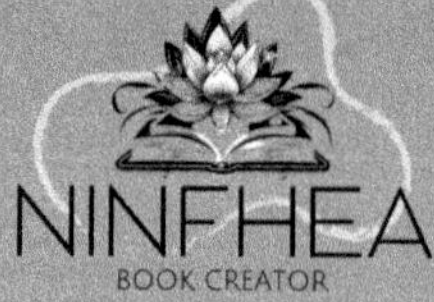

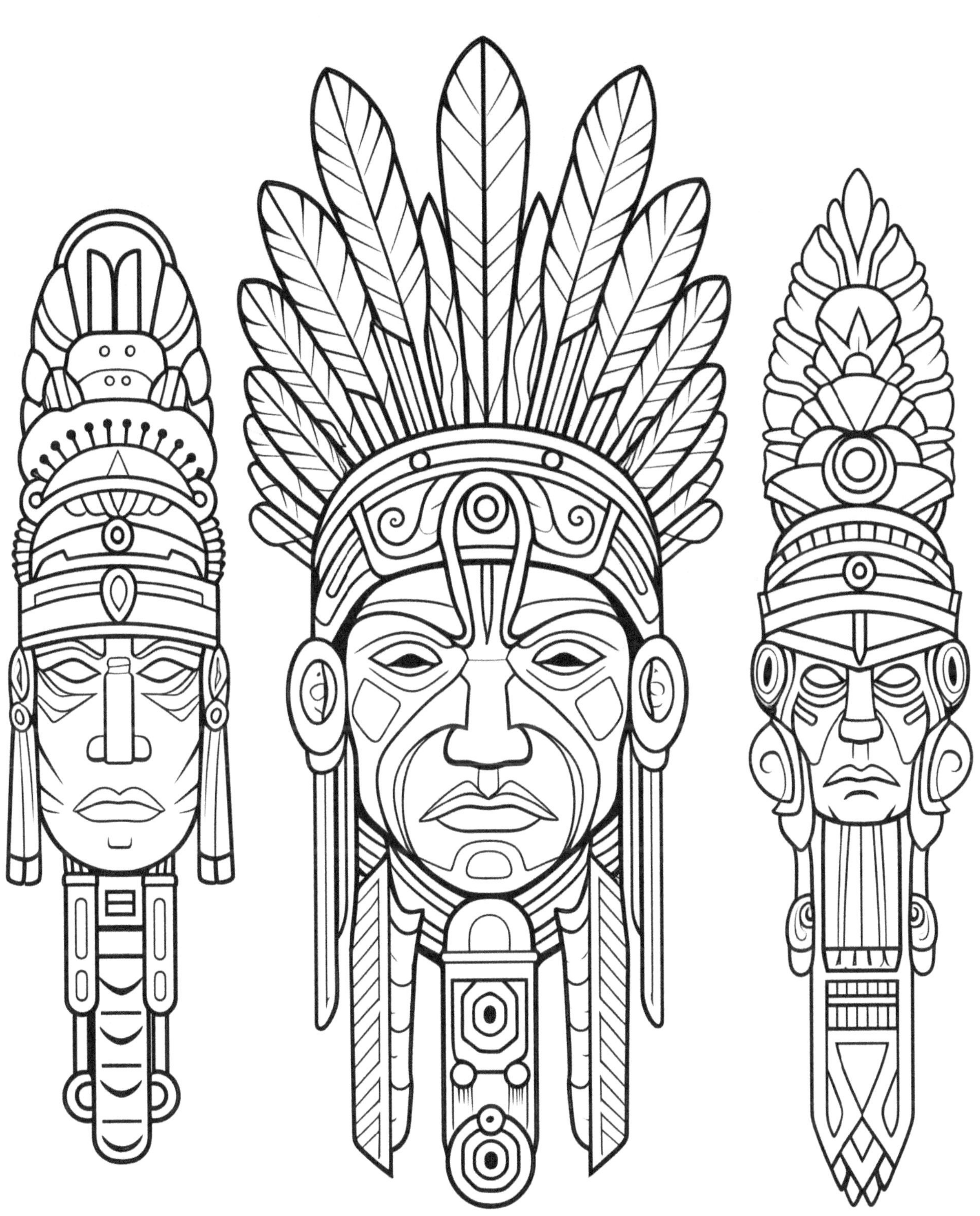

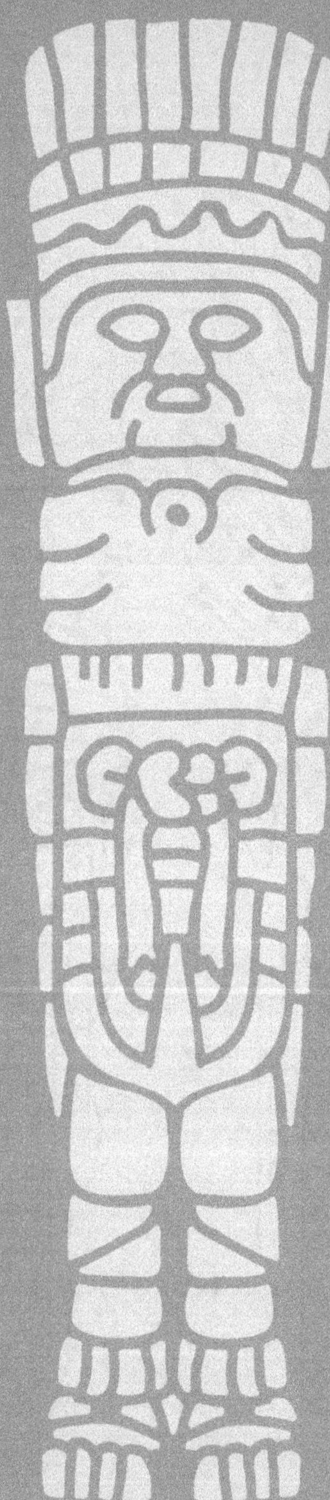
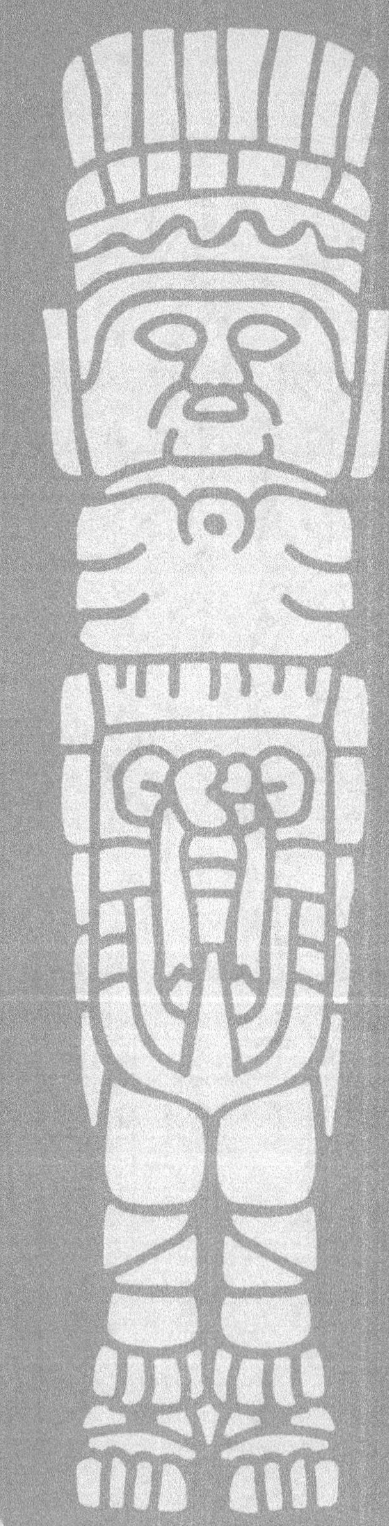
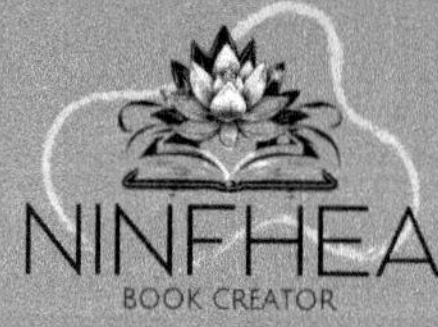

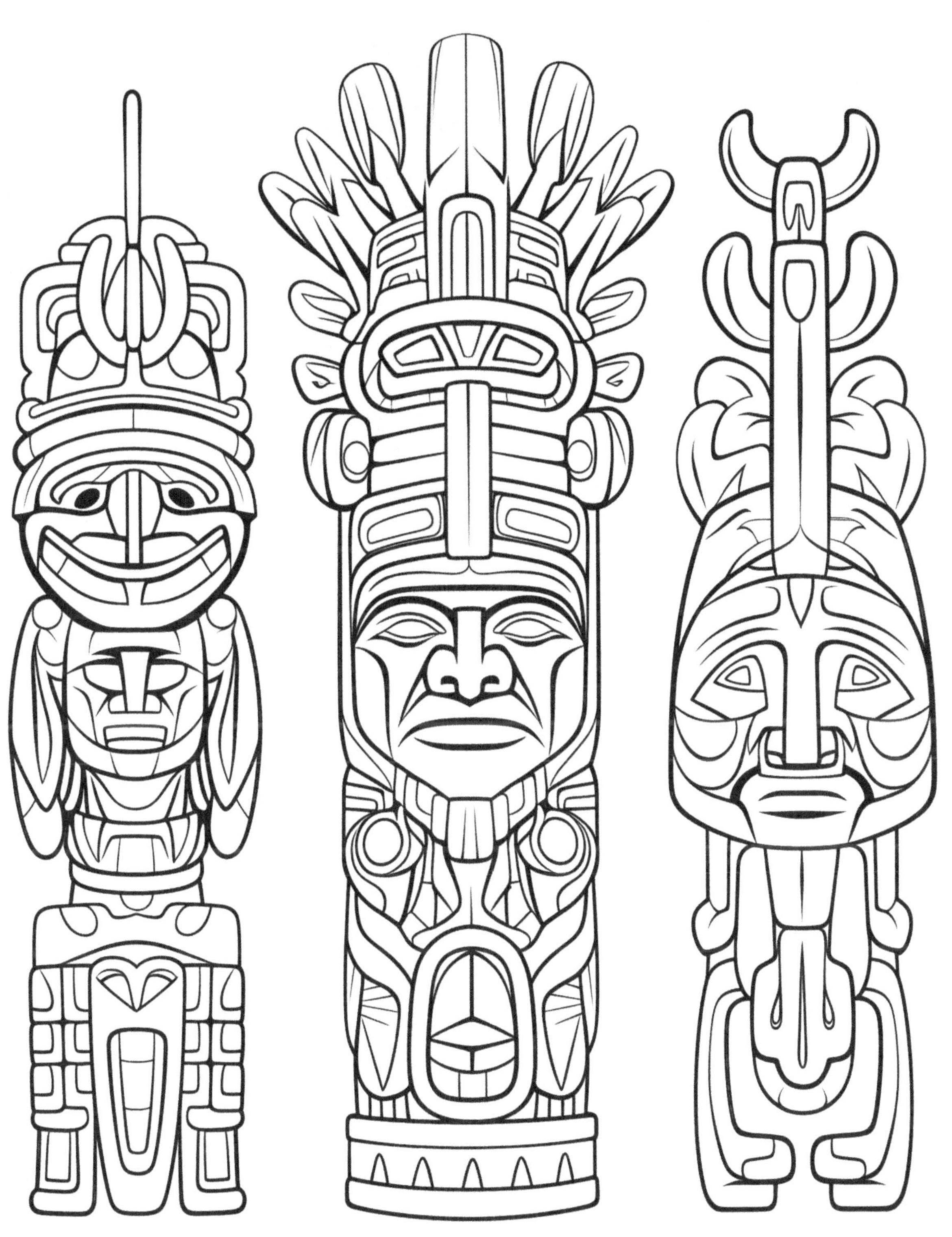

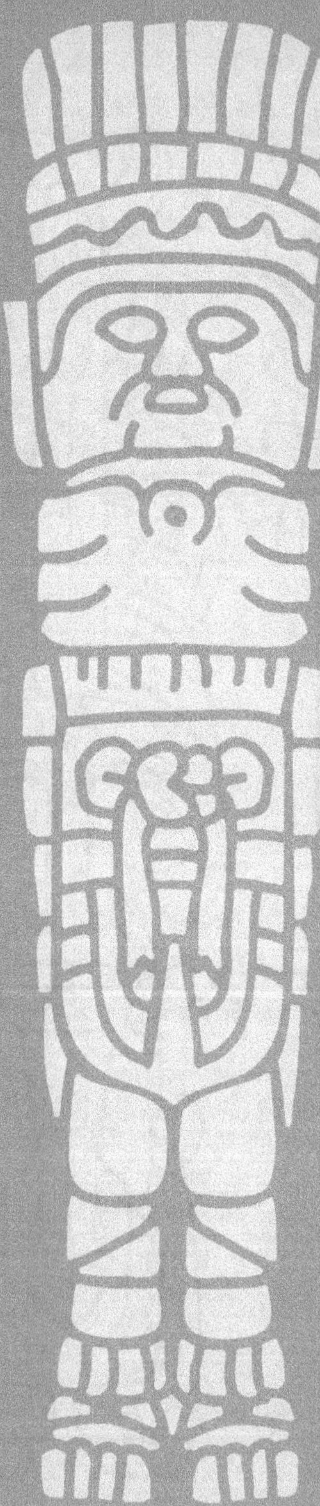
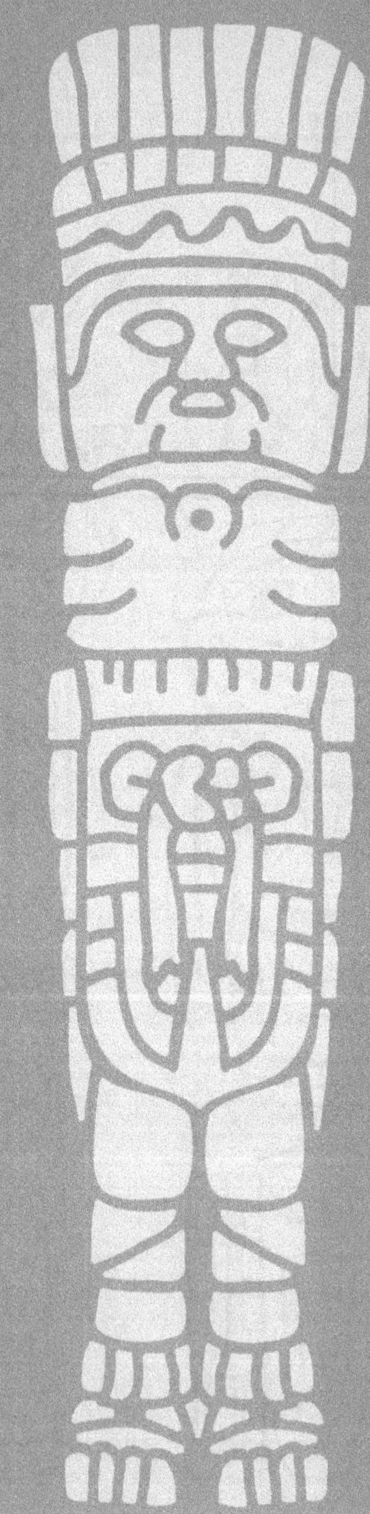
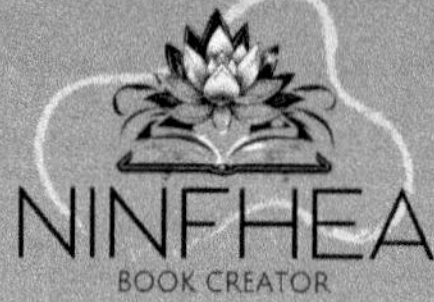

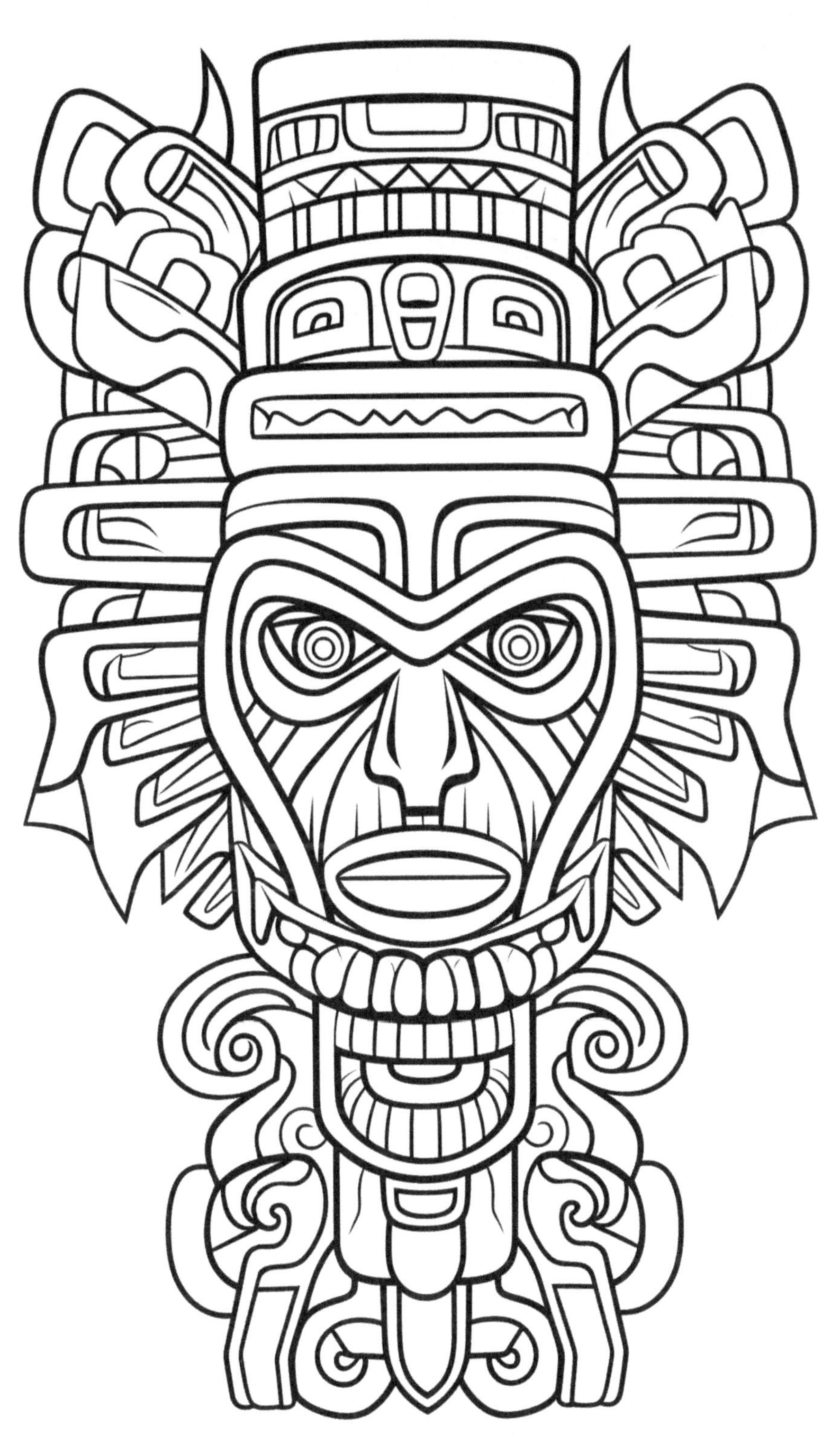

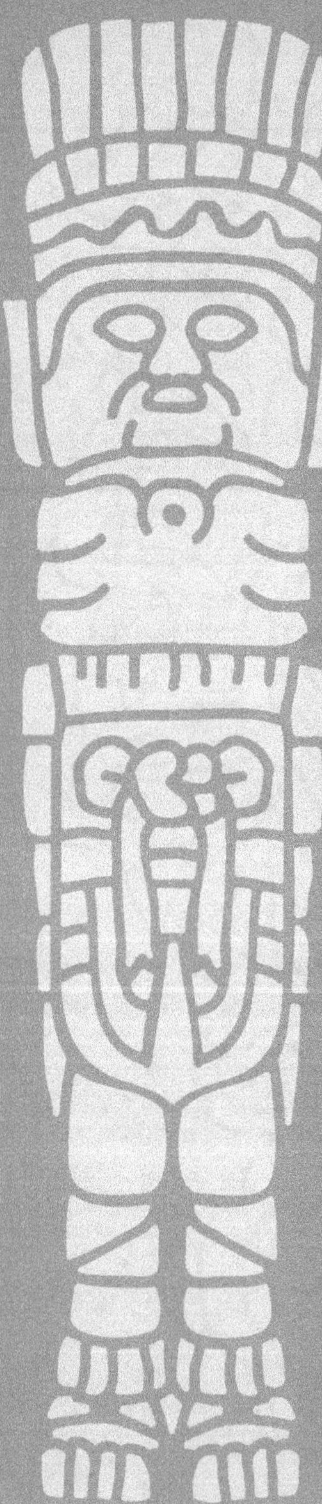
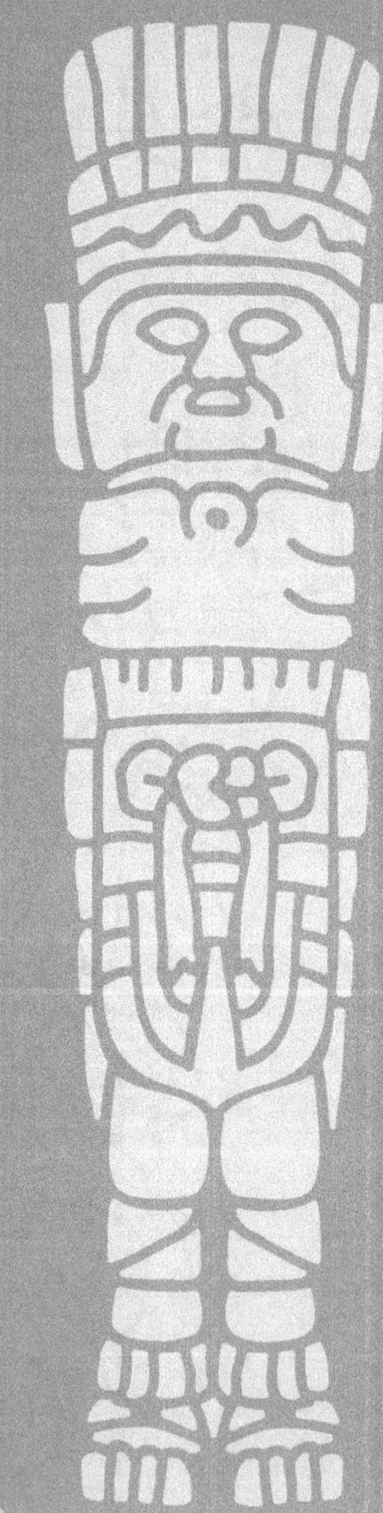
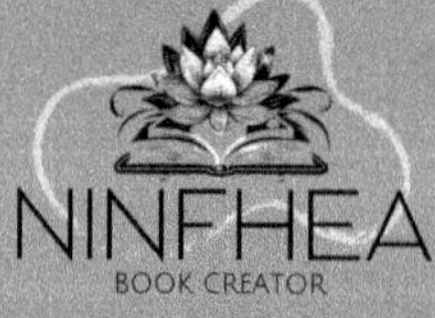

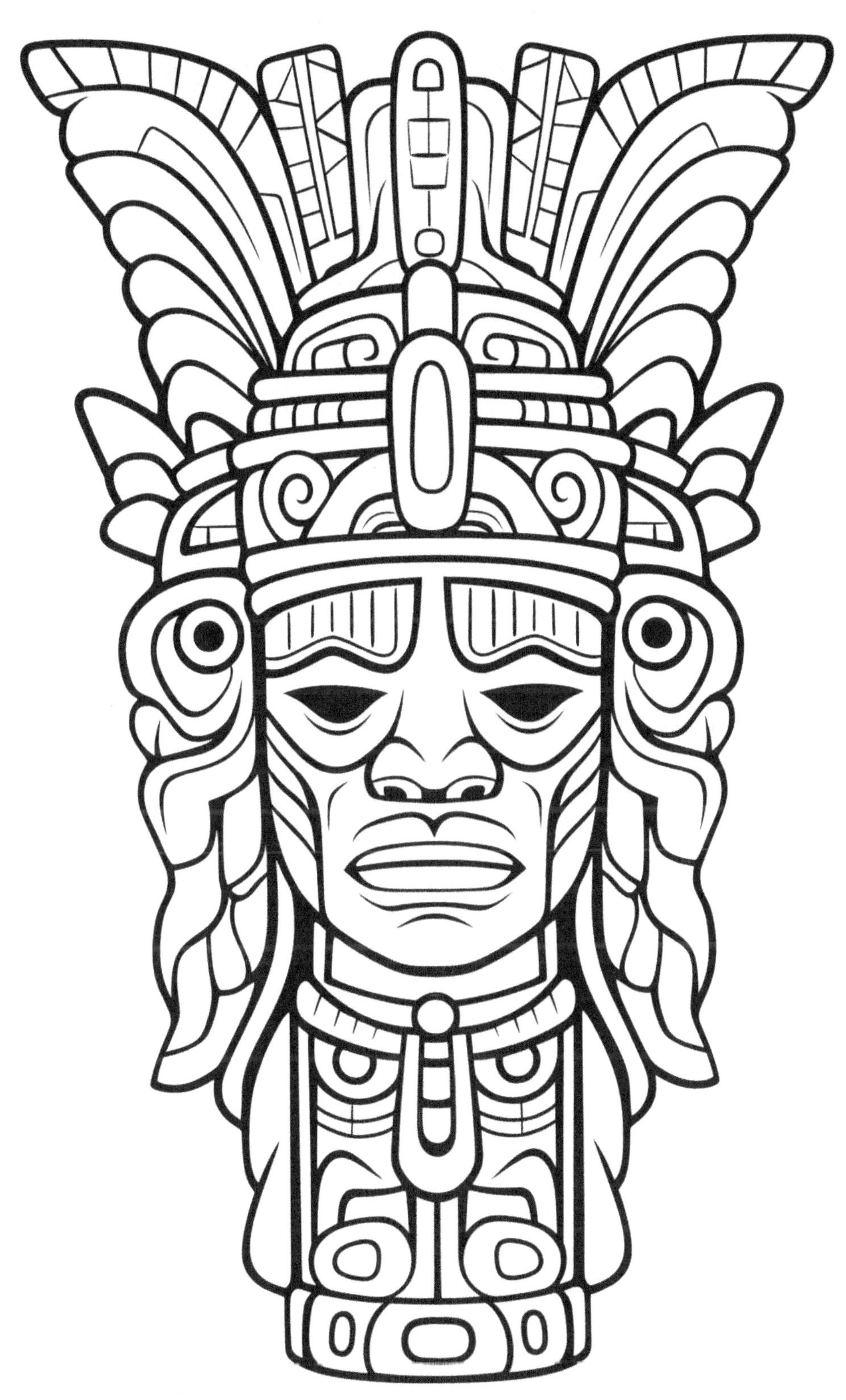

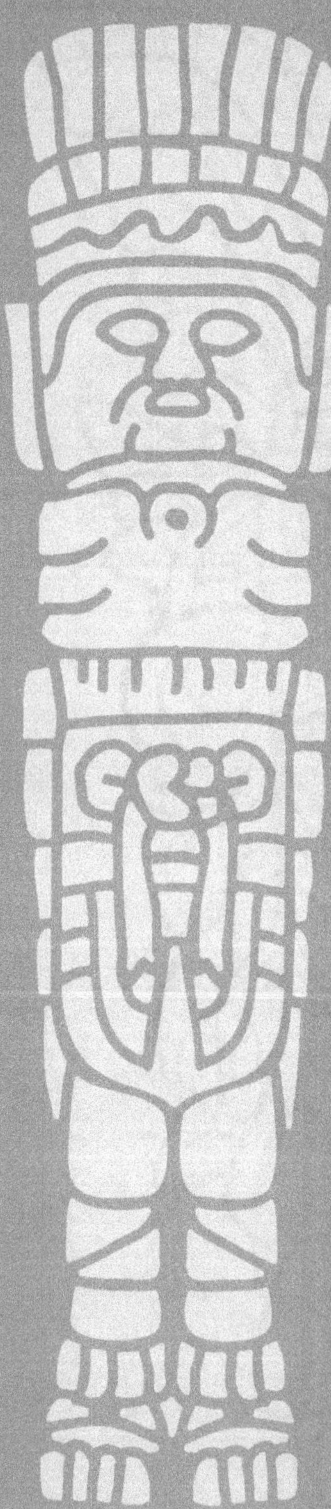
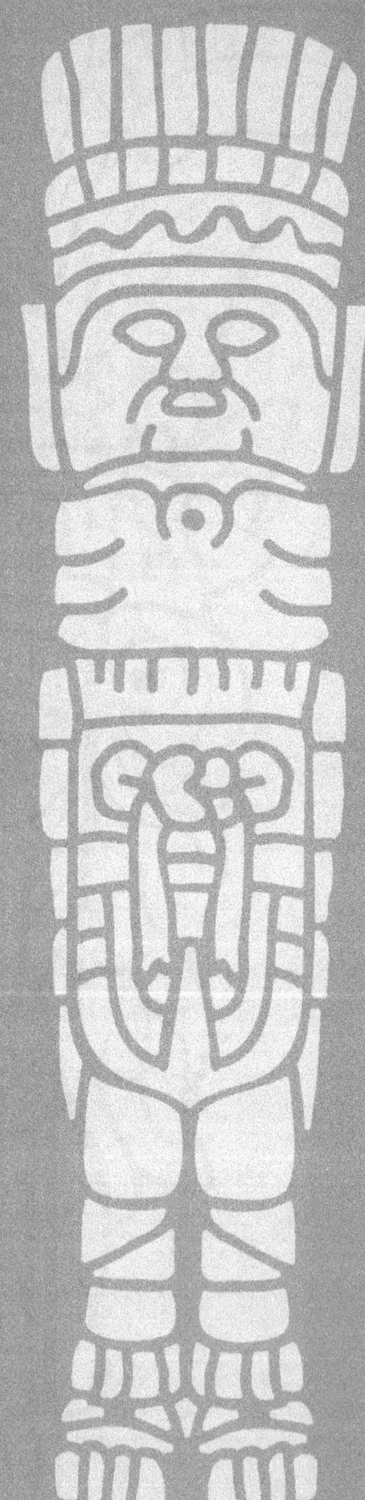
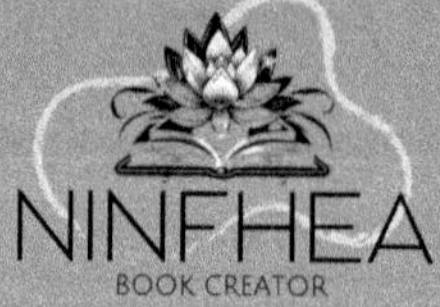

NINFHEA
BOOK CREATOR

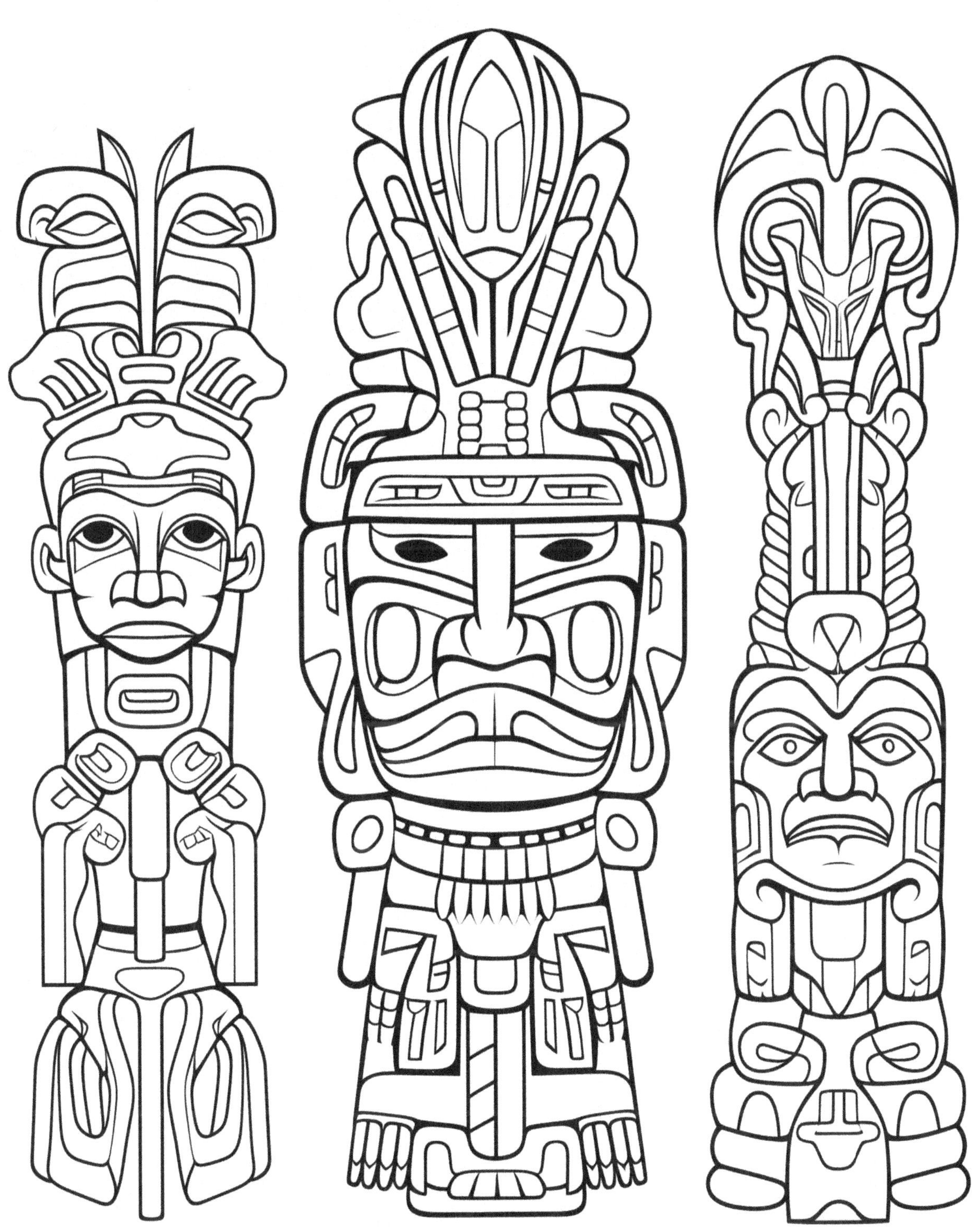

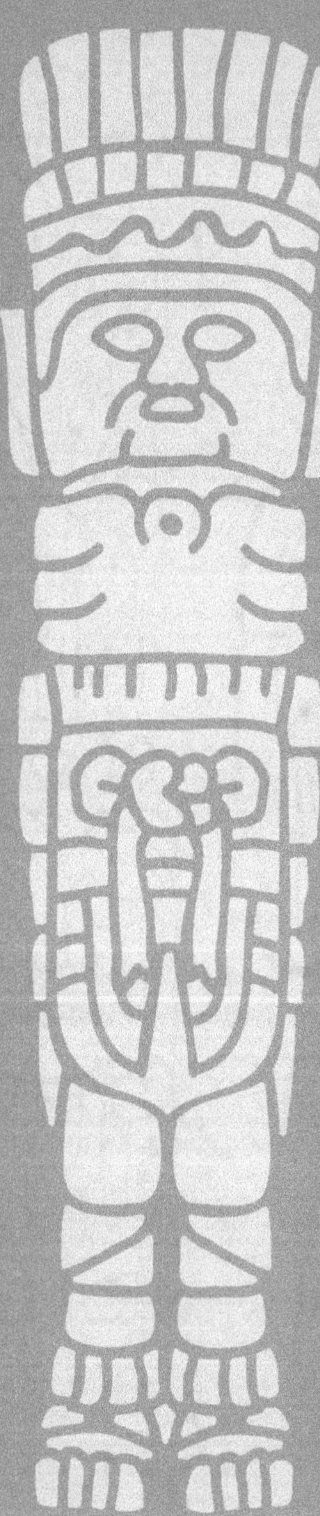
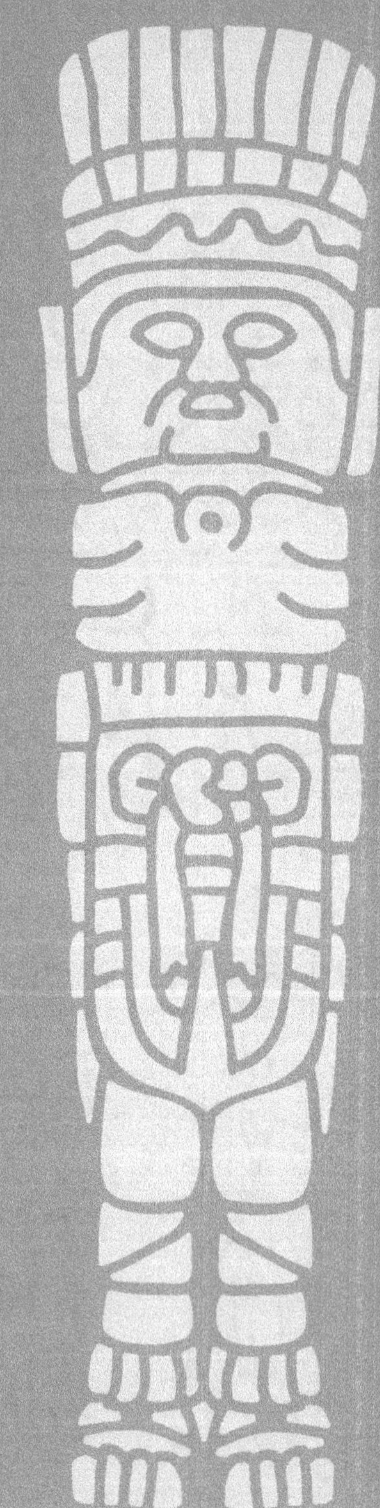
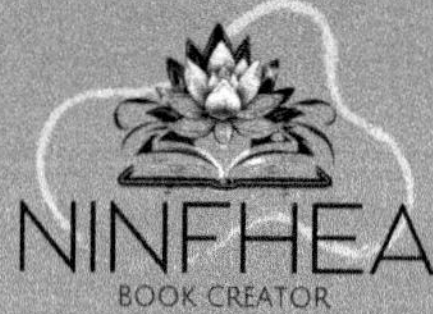

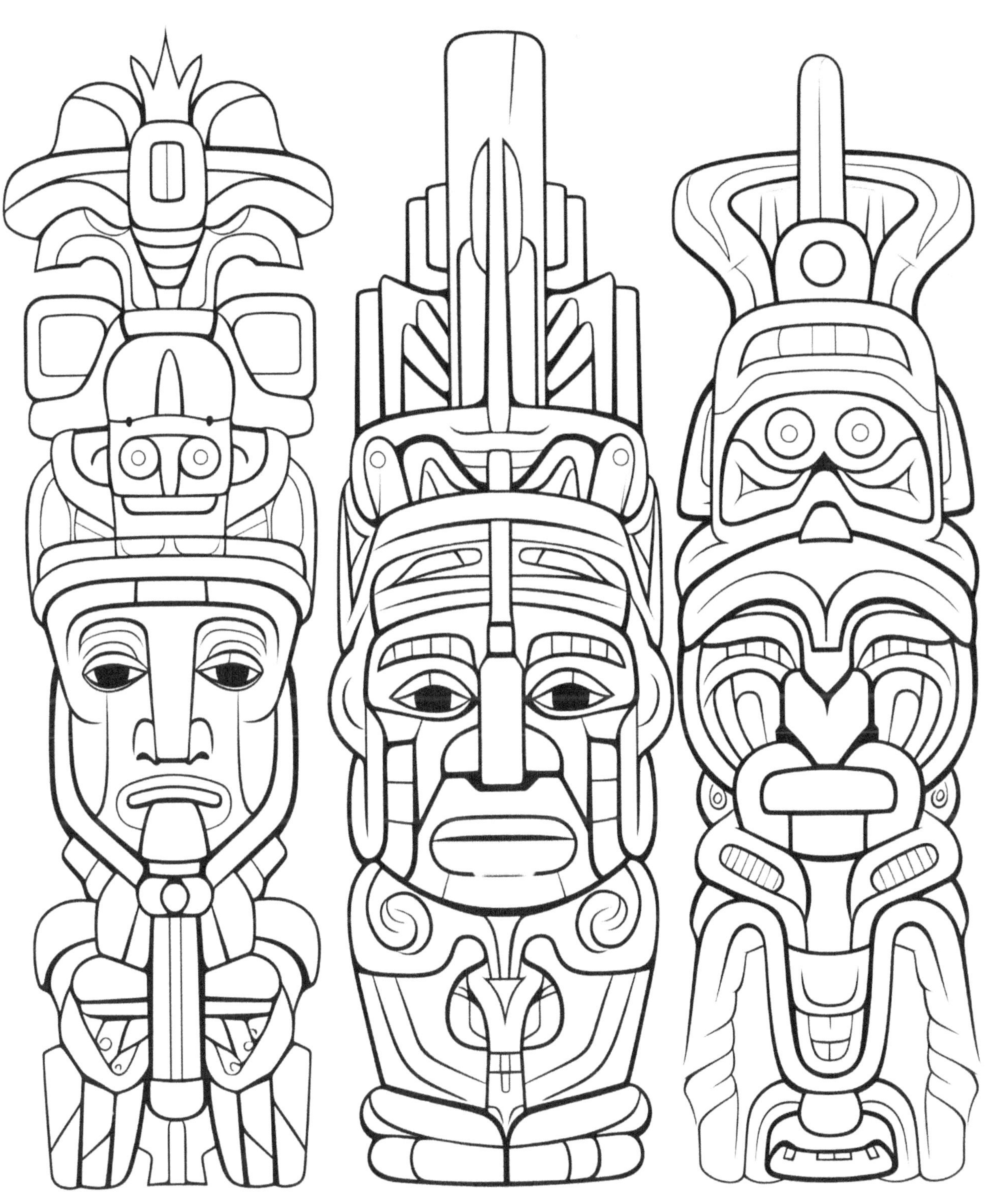

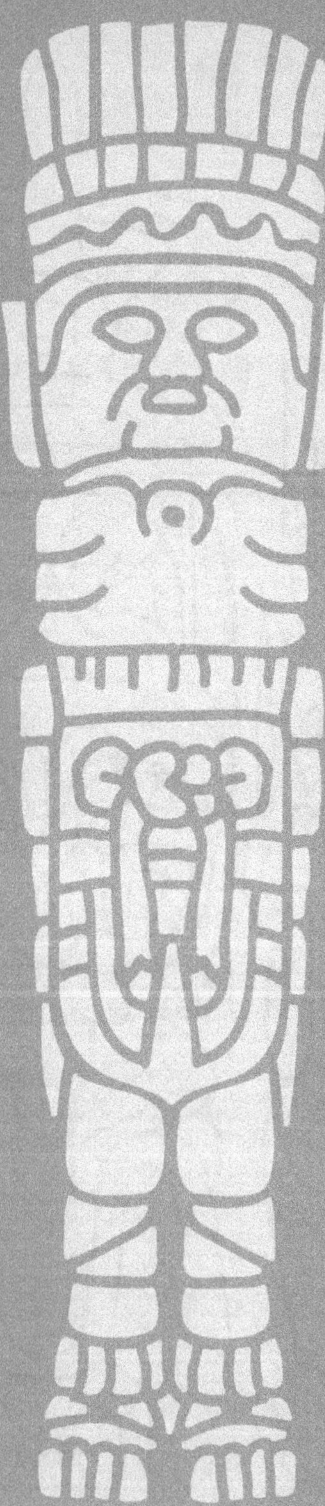
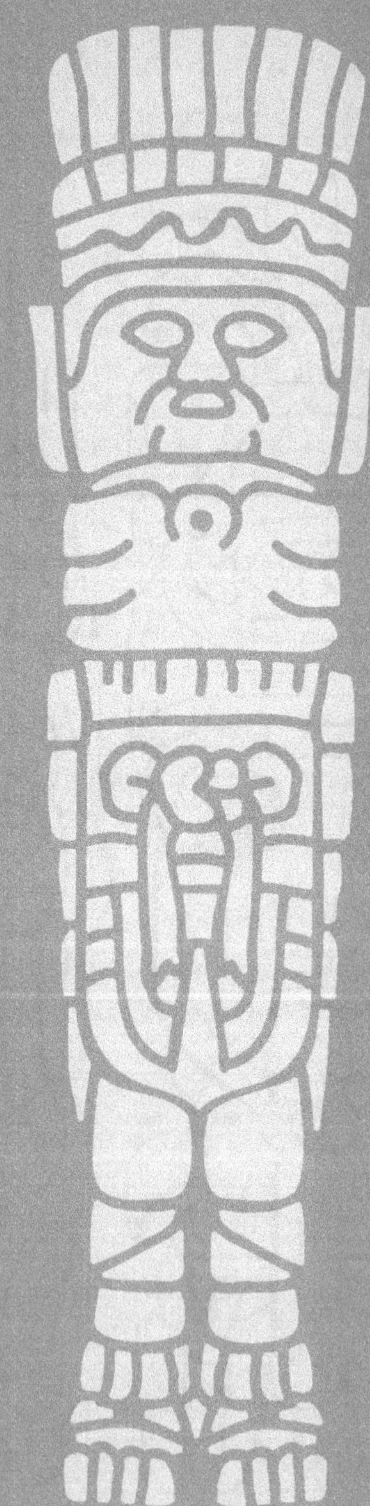
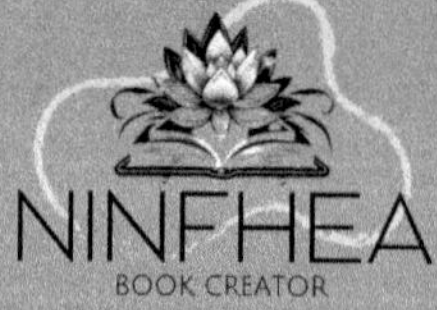

NINFHEA
BOOK CREATOR

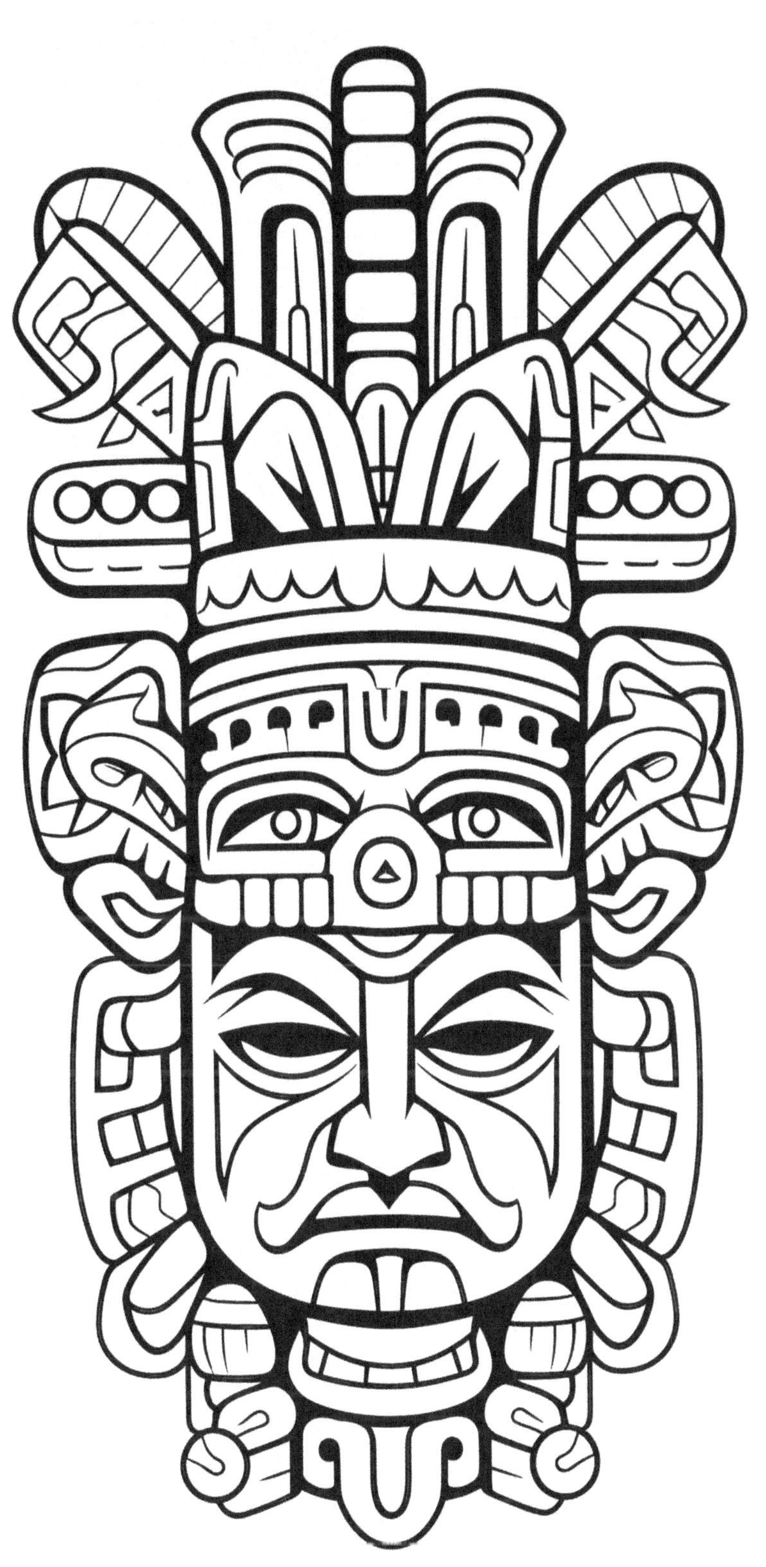

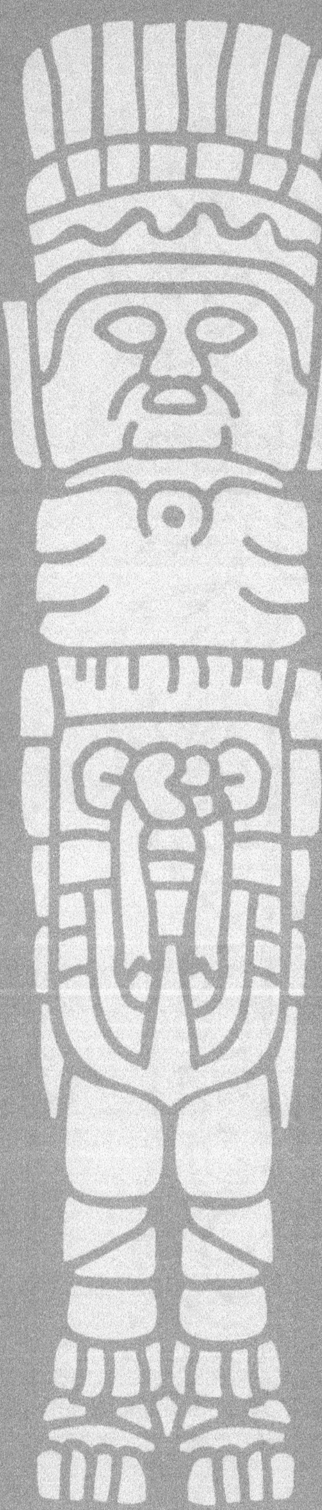
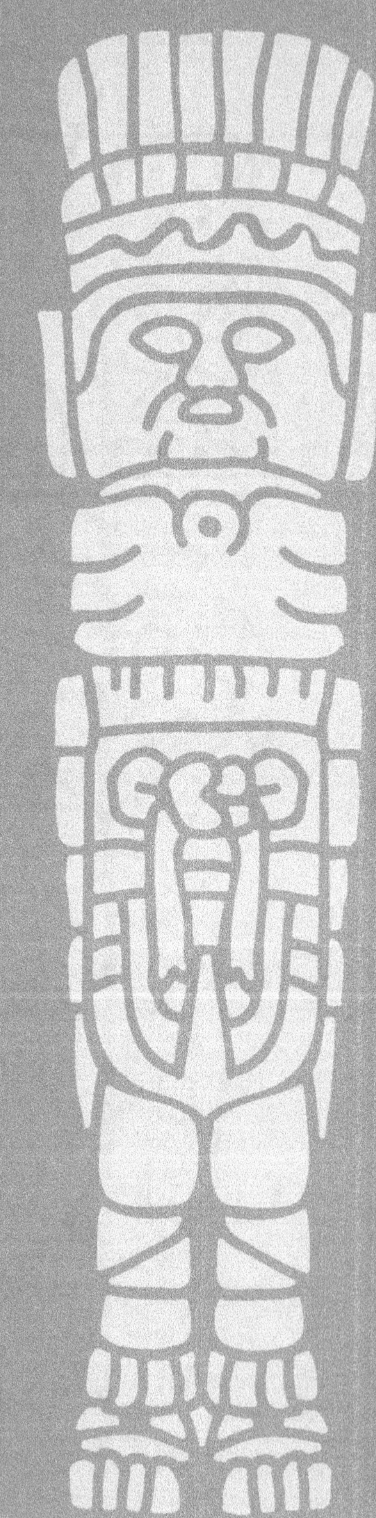
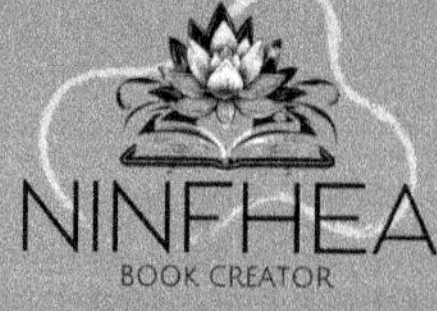


NINFHEA
BOOK CREATOR

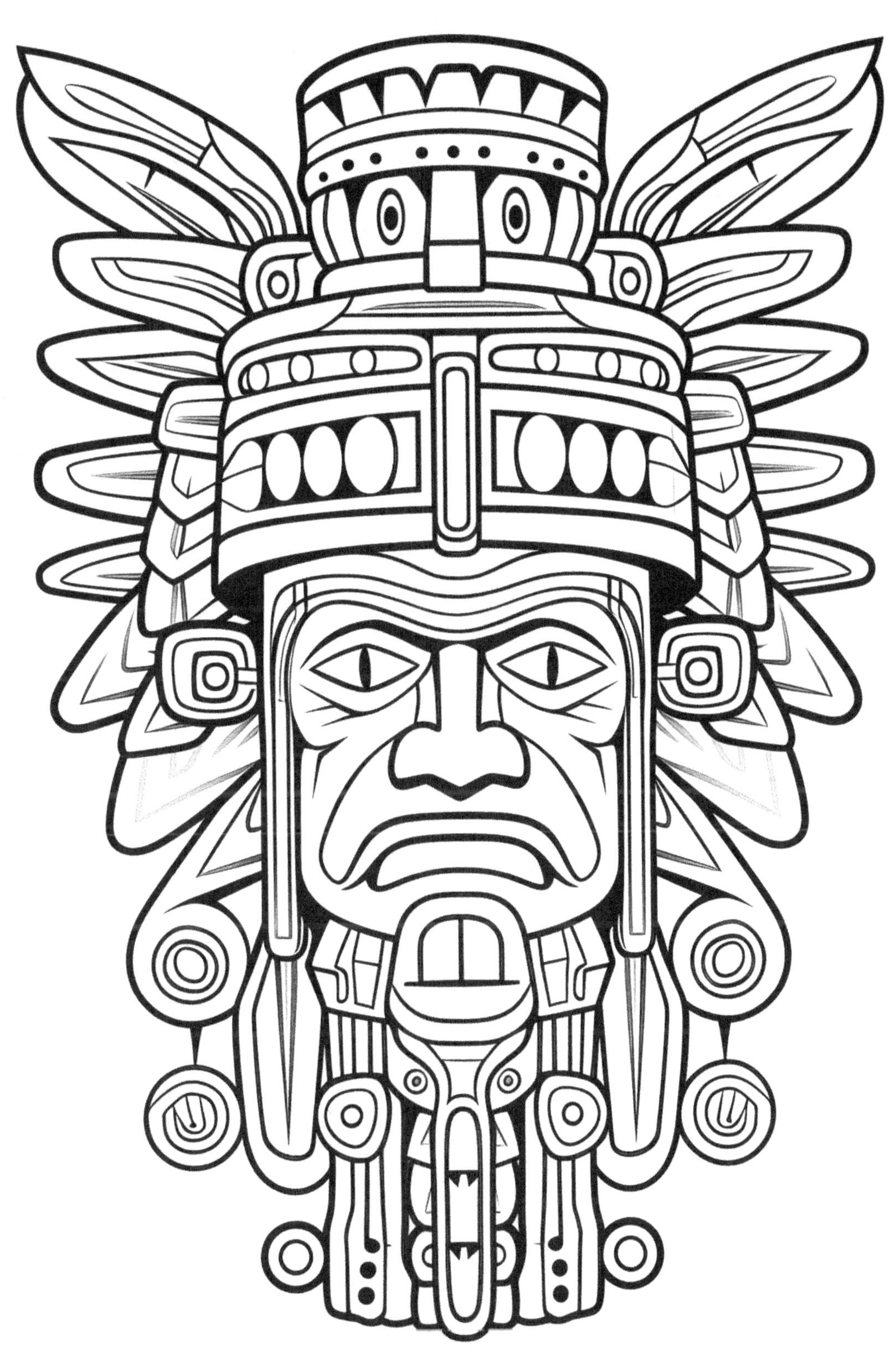

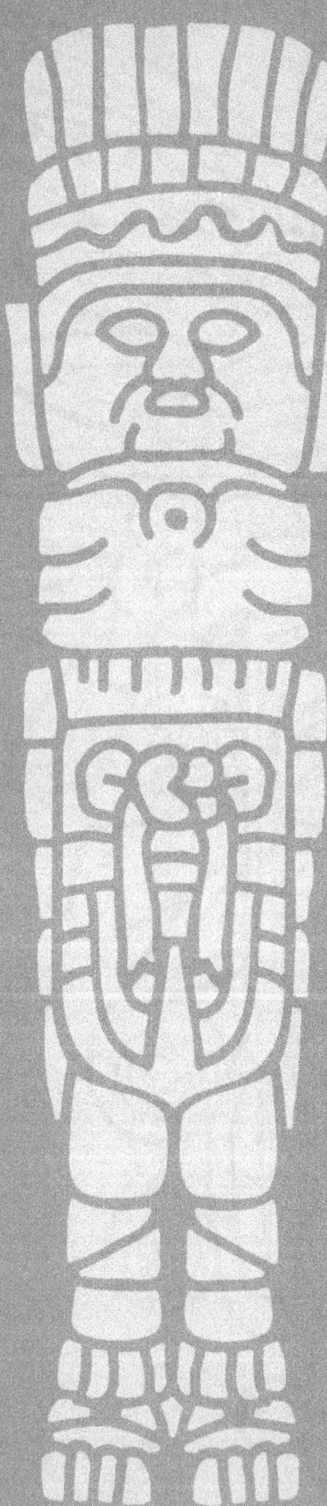
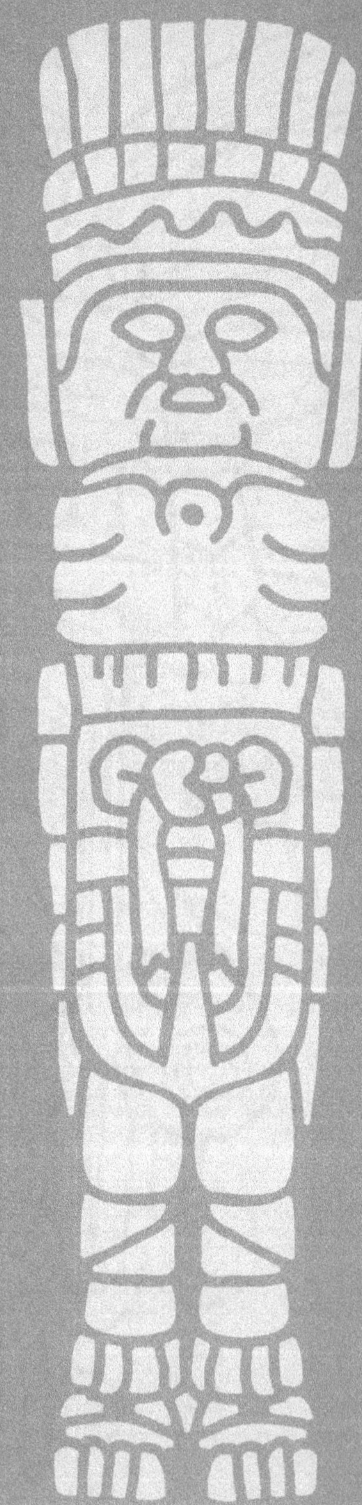
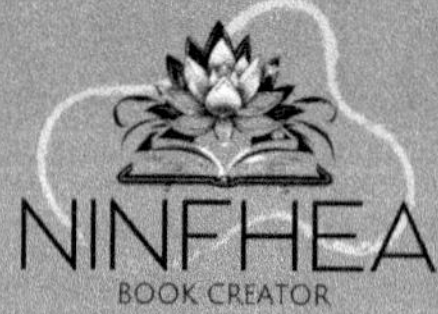

NINFHEA
BOOK CREATOR

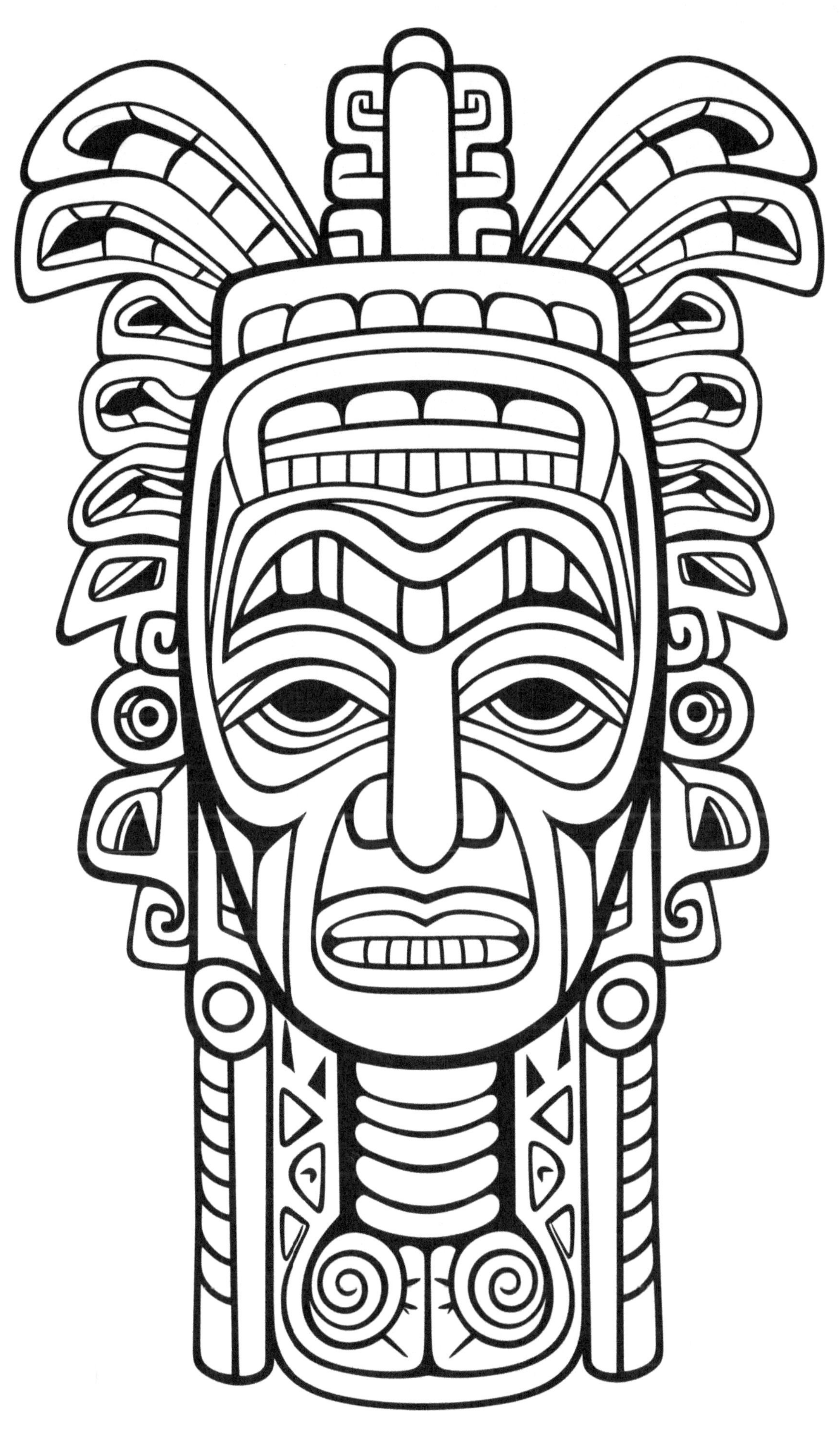

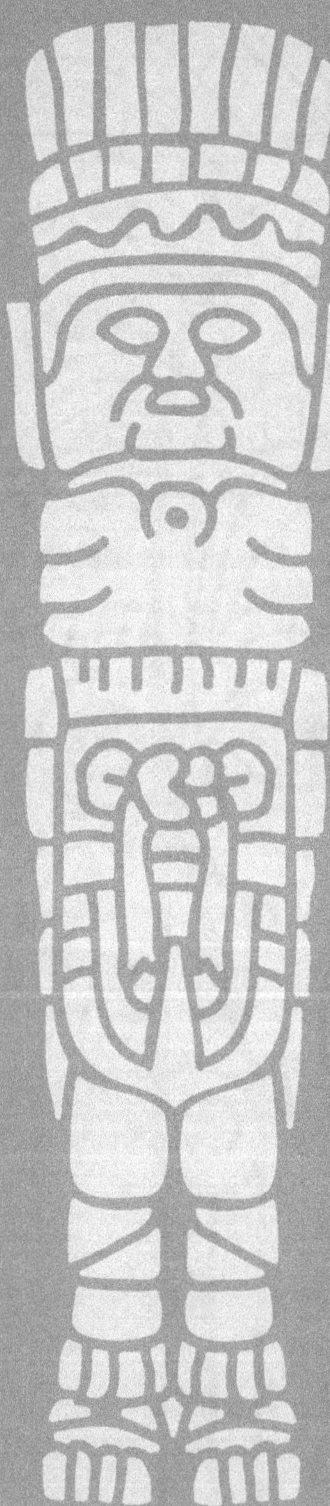
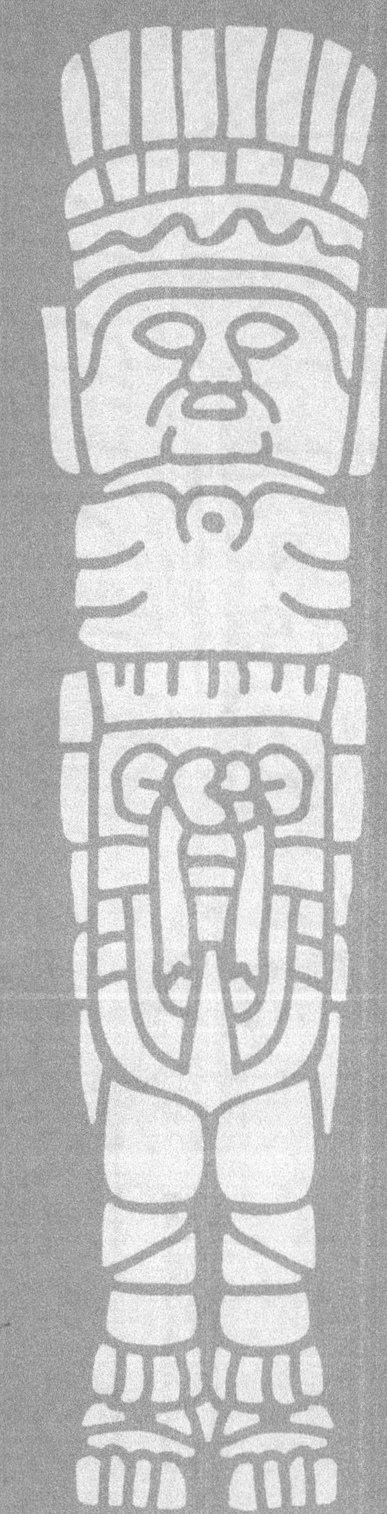
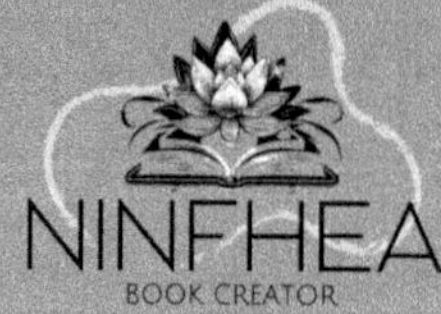

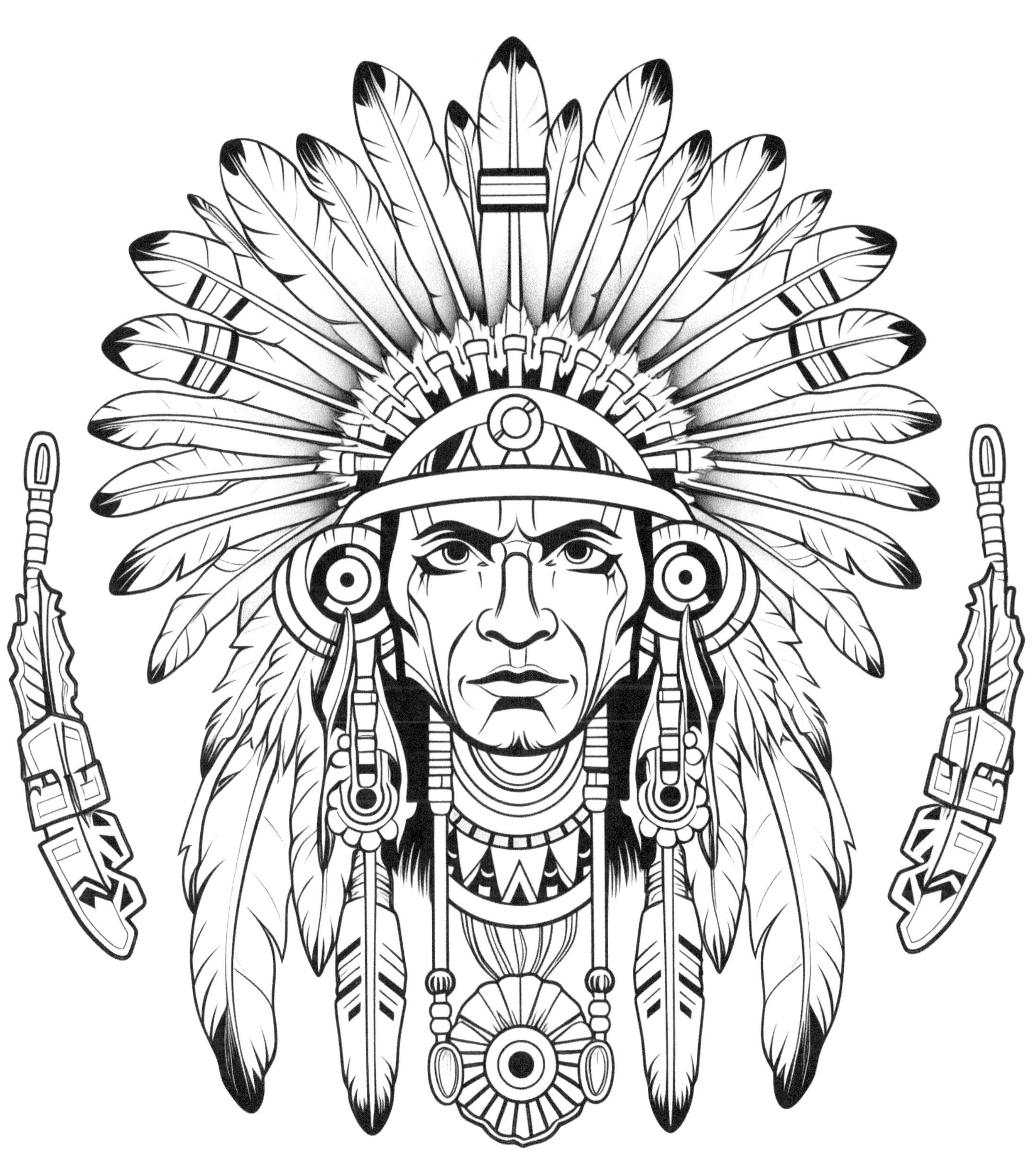

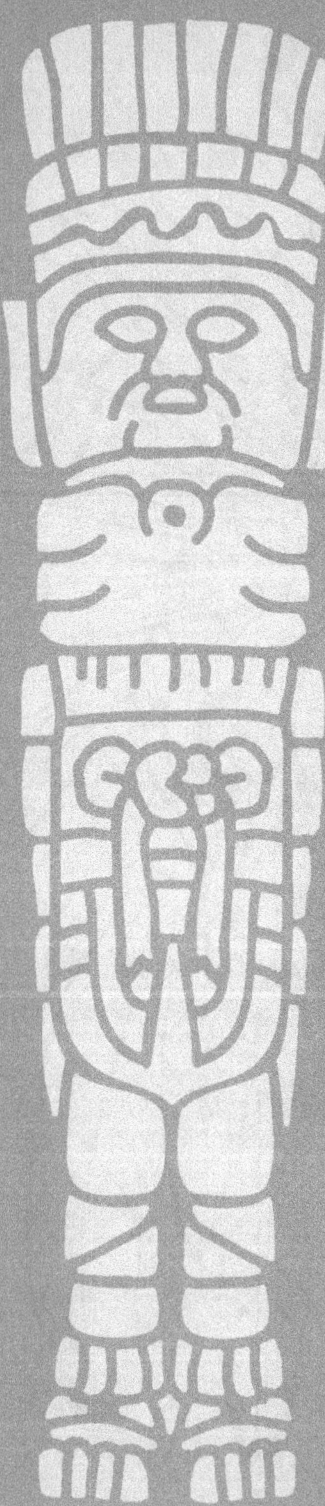

NINFHEA
BOOK CREATOR

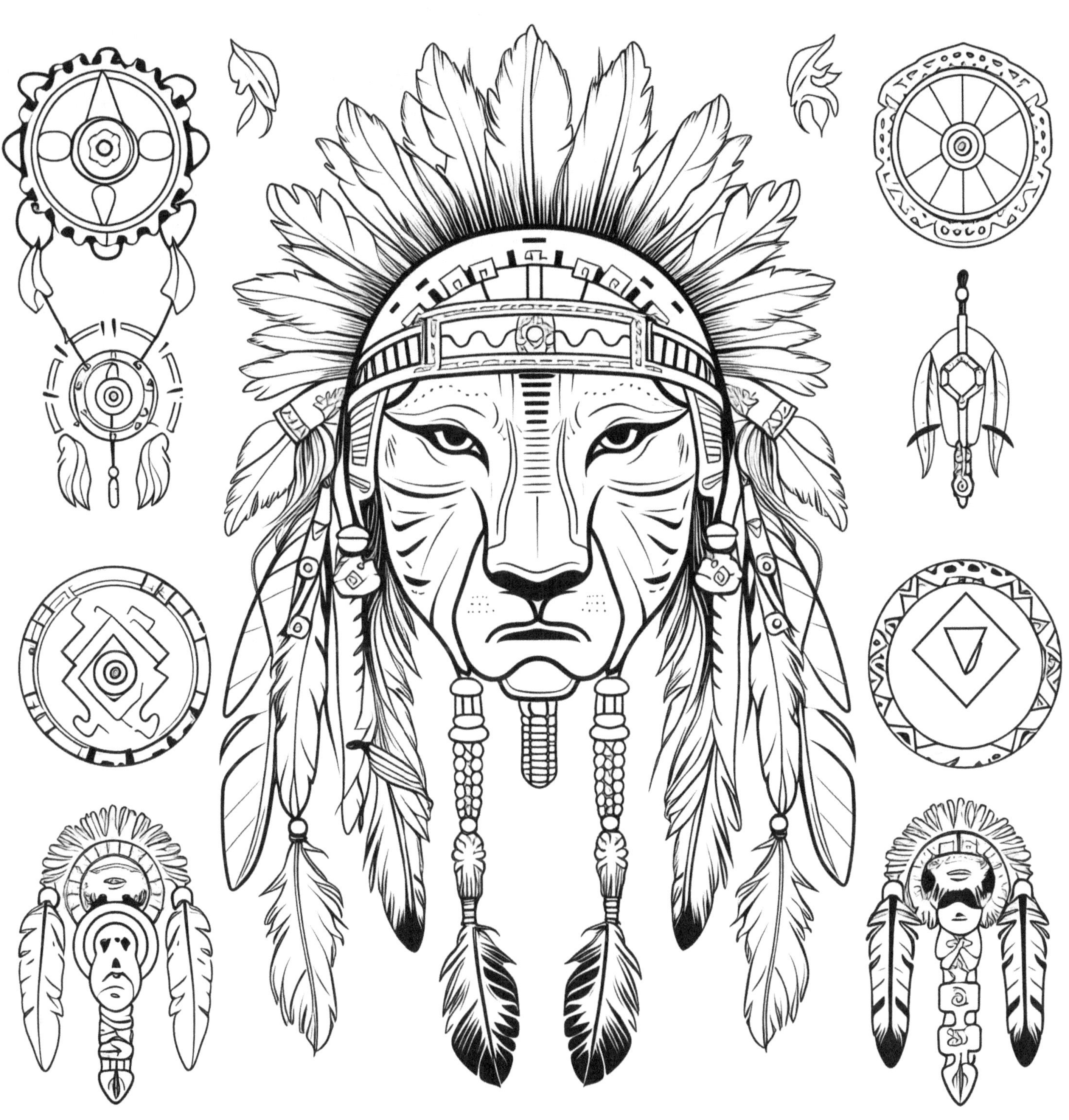

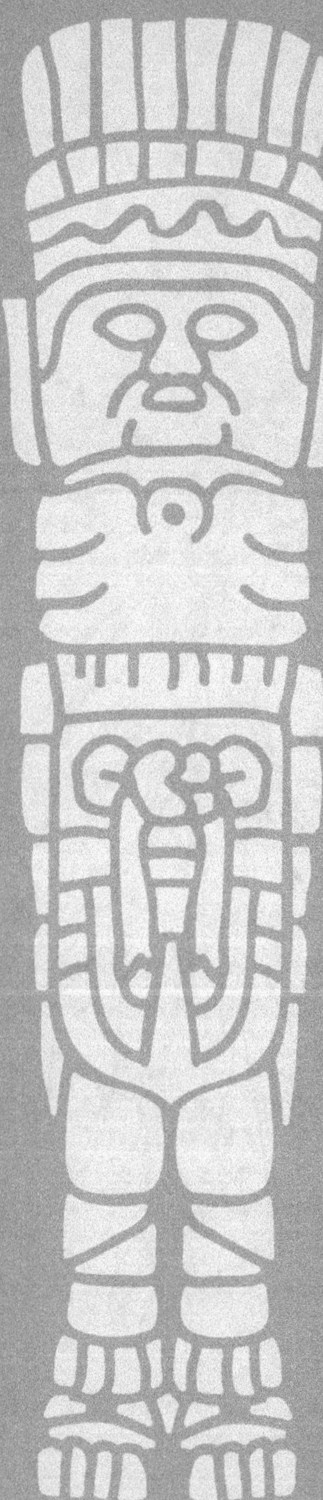
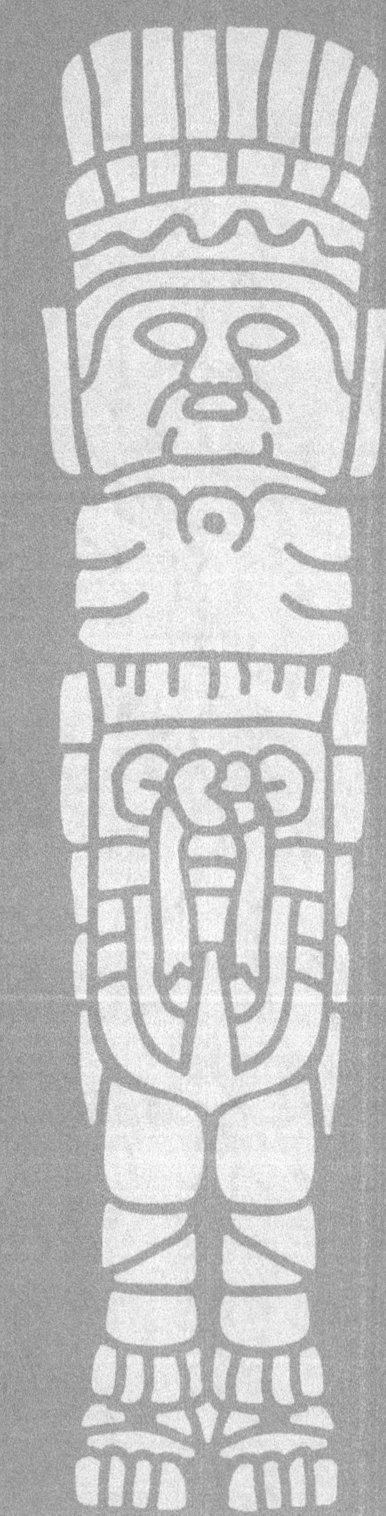
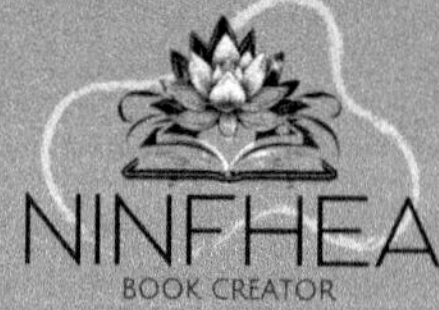

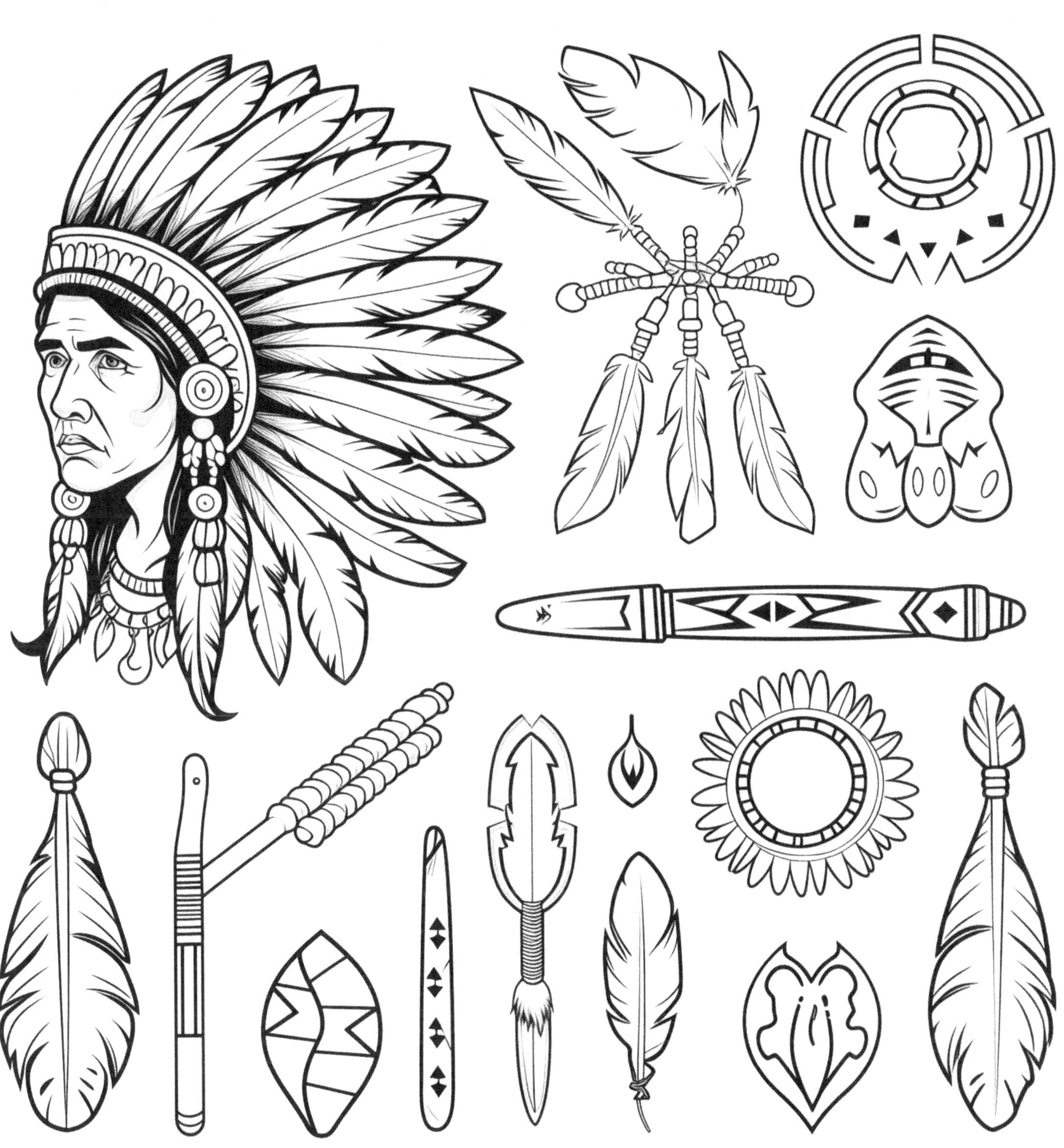

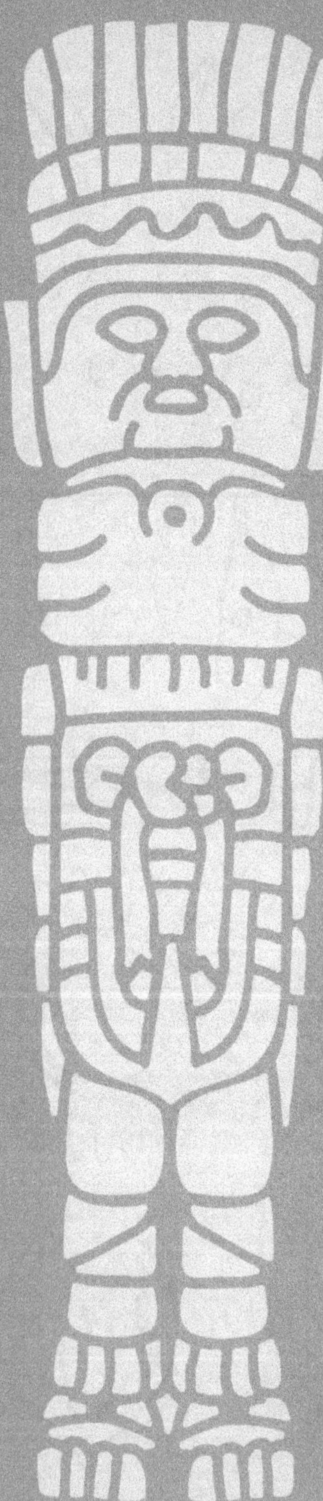
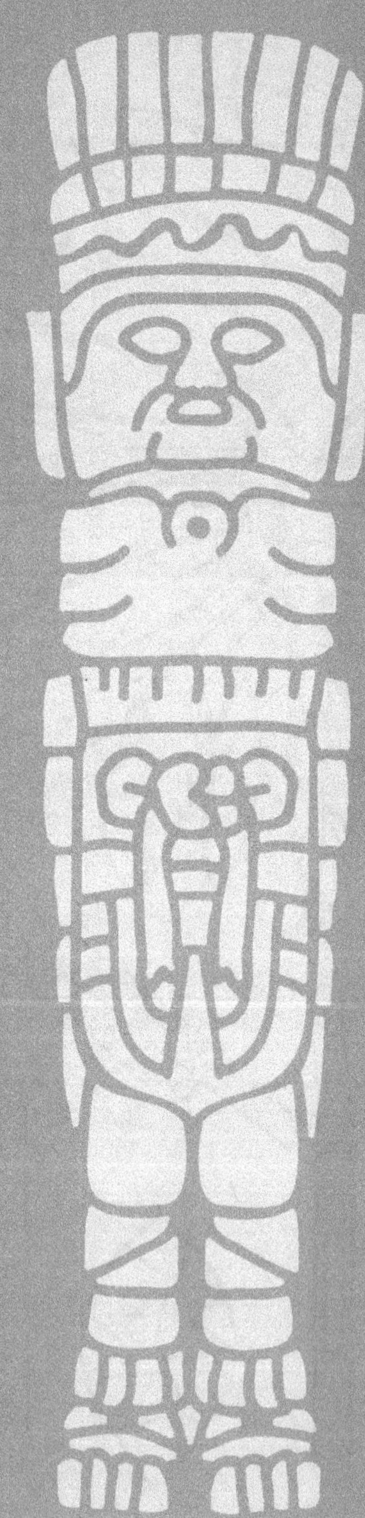
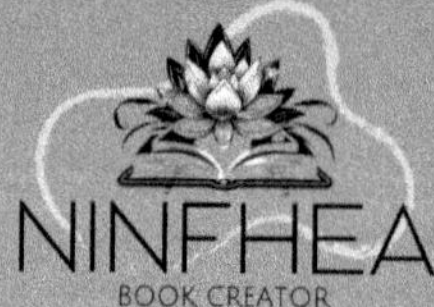
NINFHEA
BOOK CREATOR

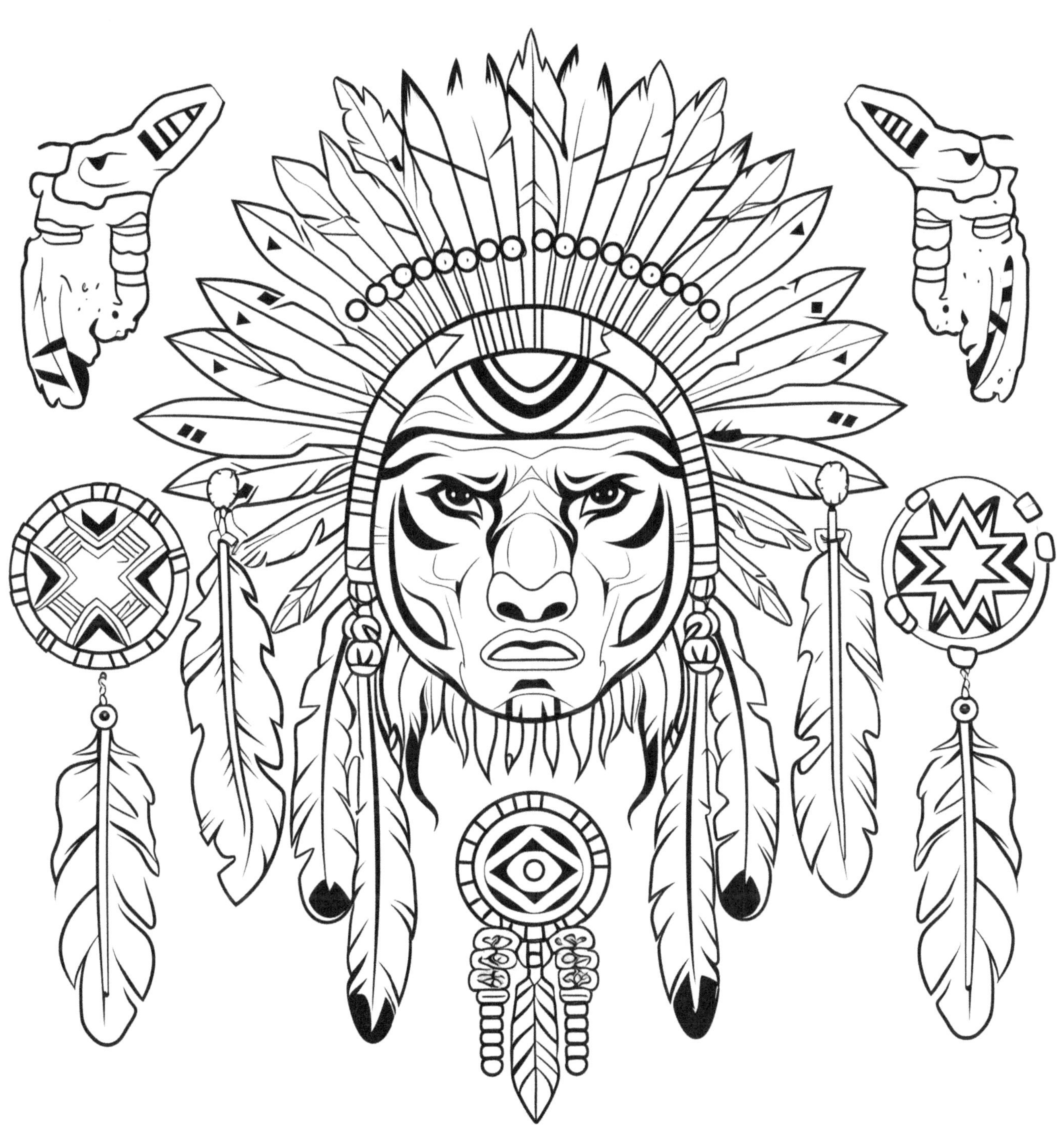

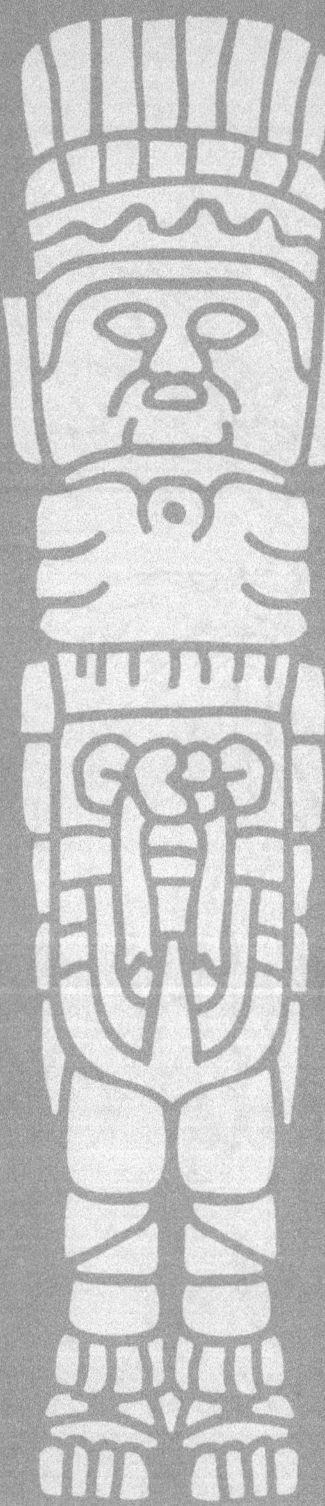
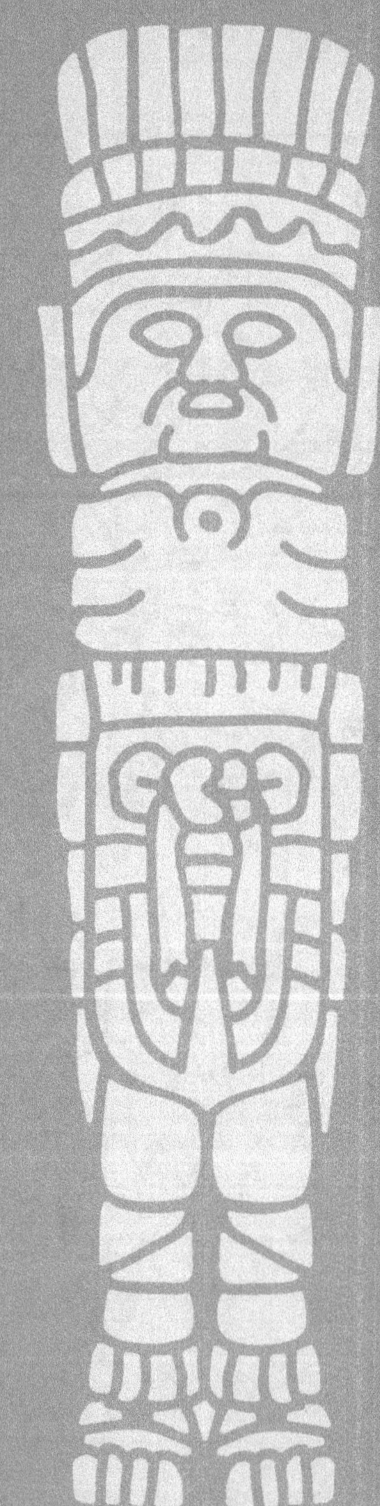
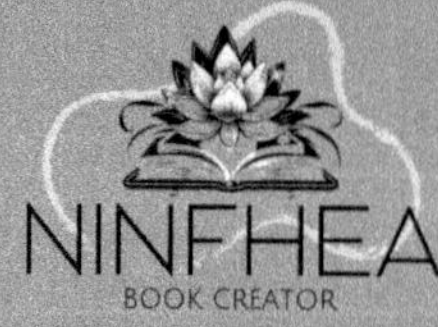

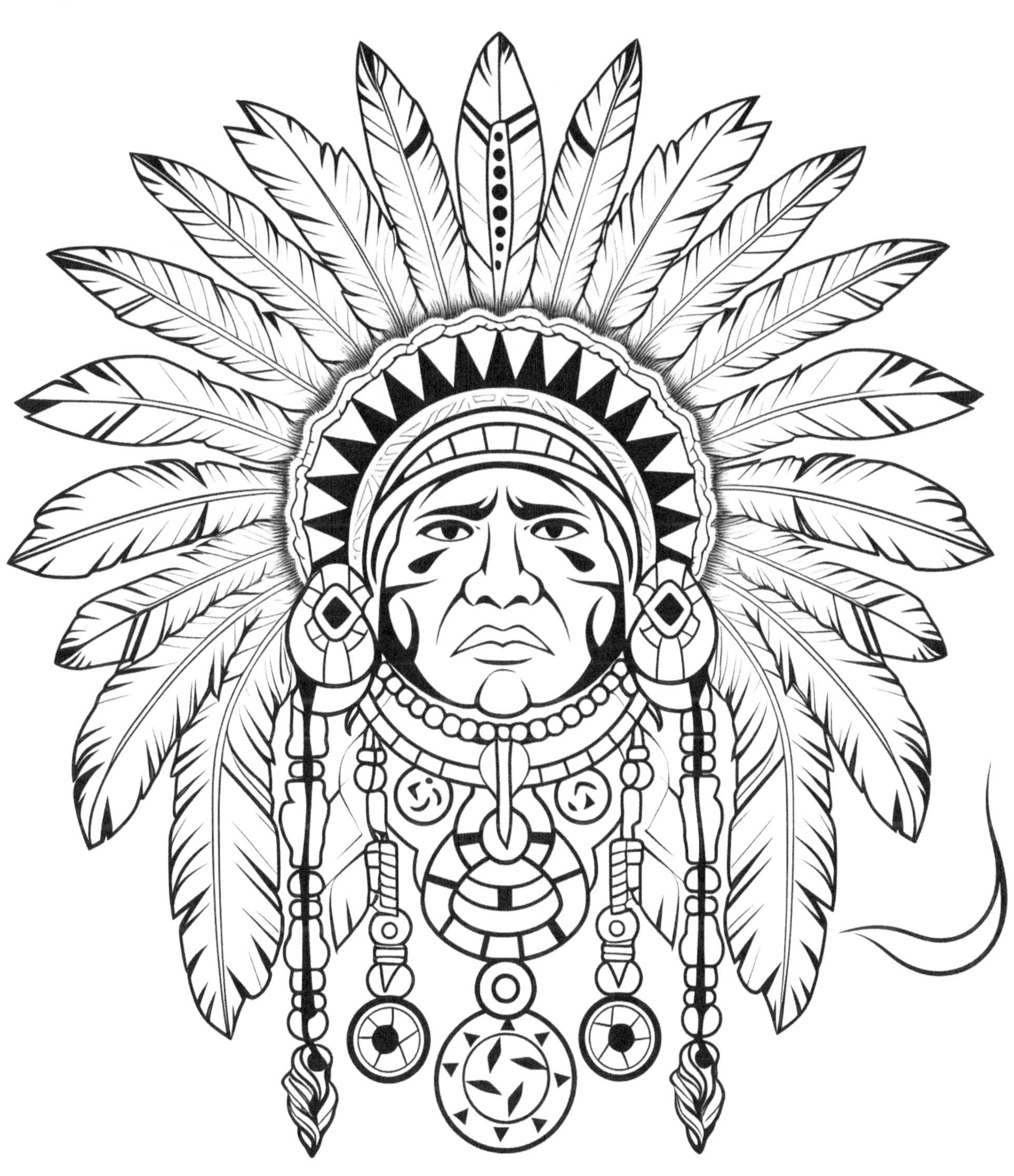

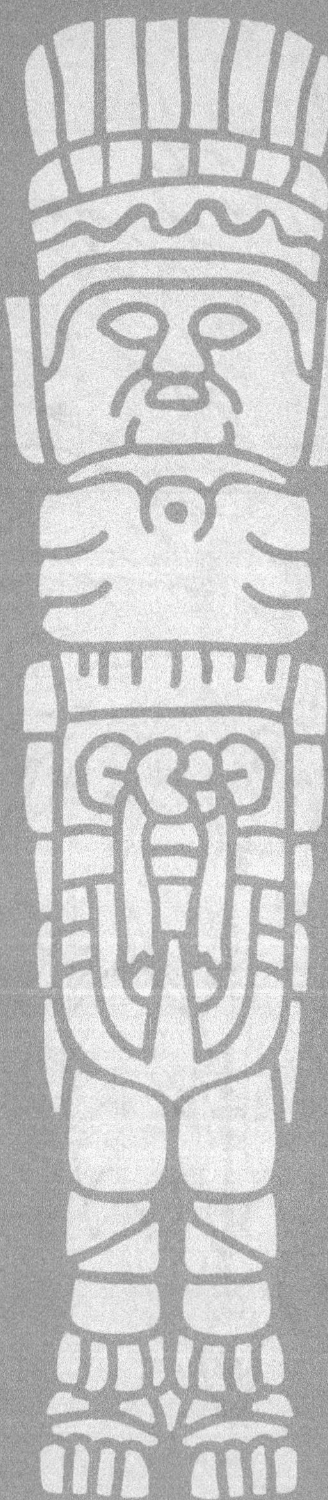
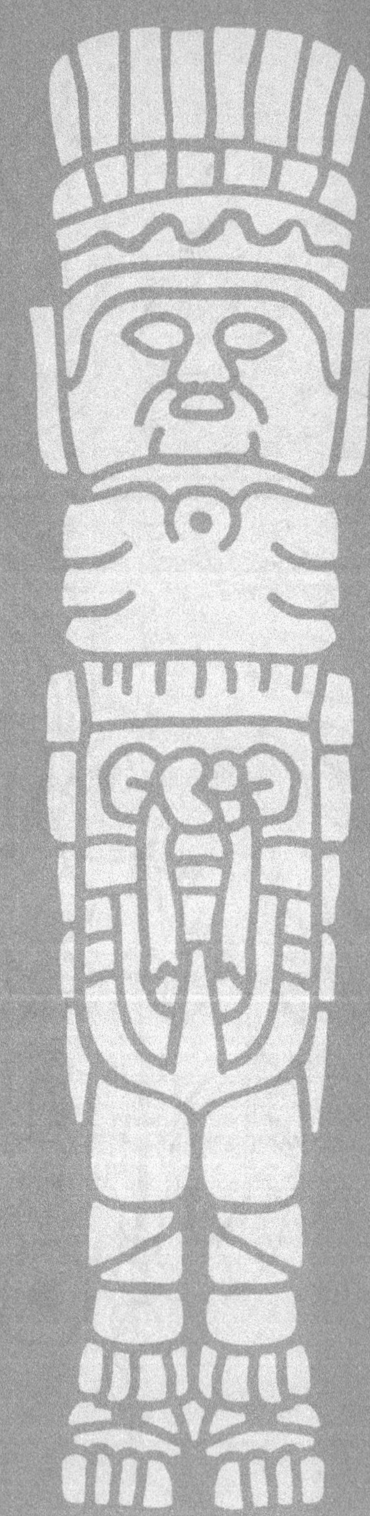
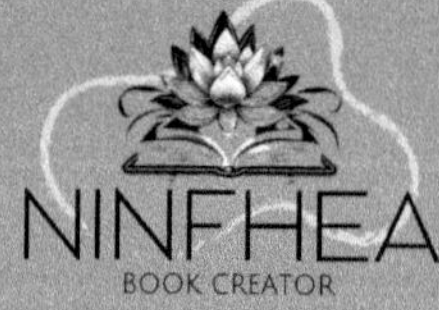
NINFHEA
BOOK CREATOR

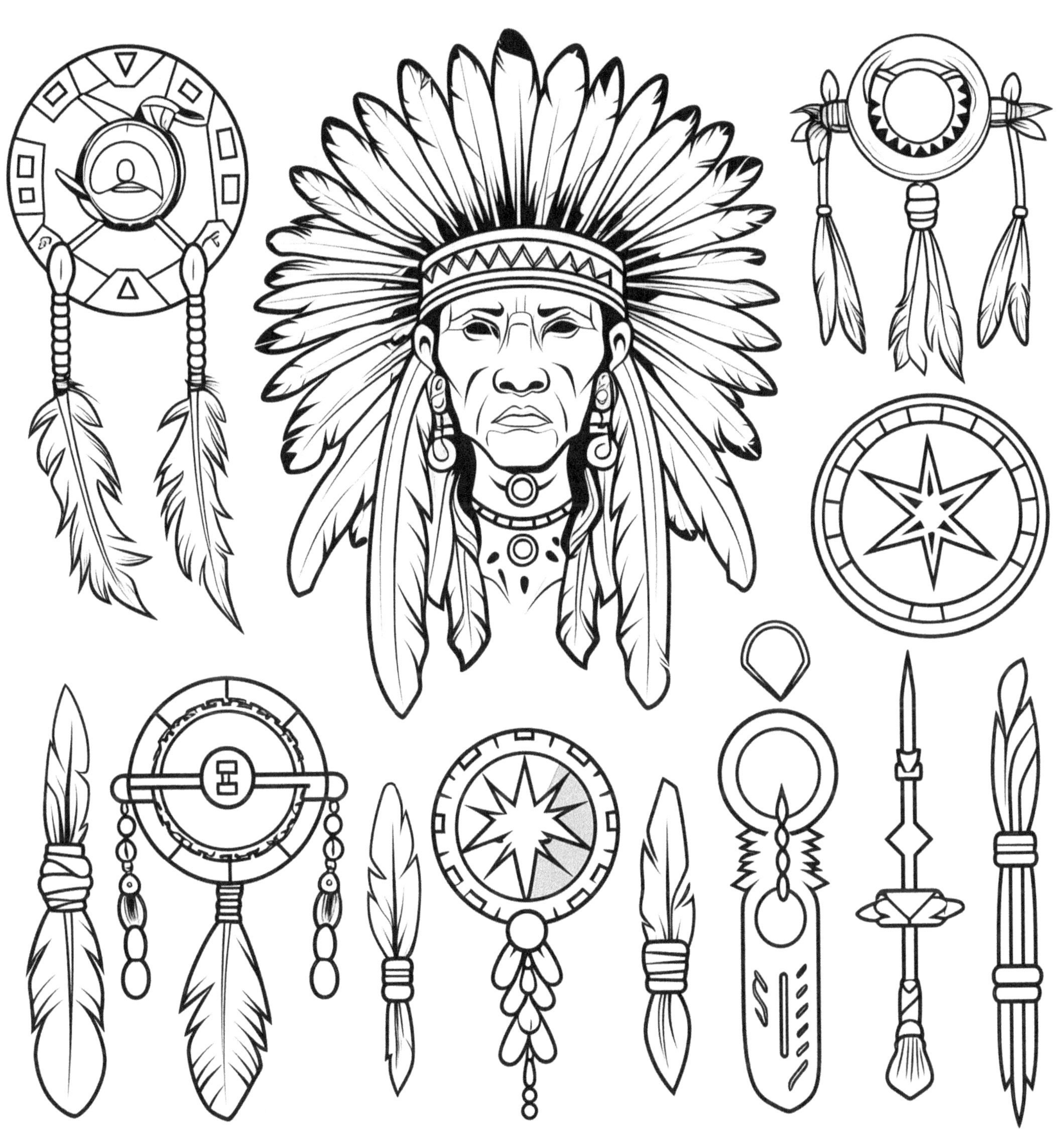

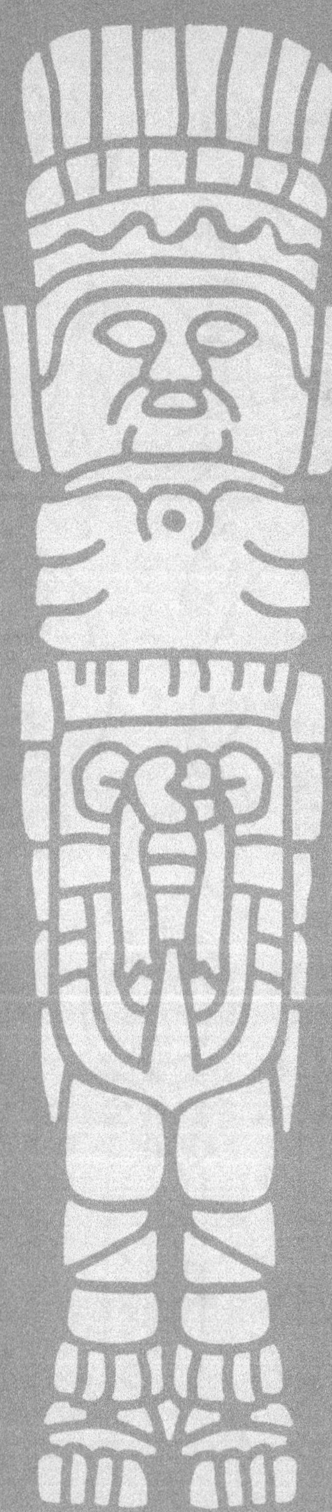
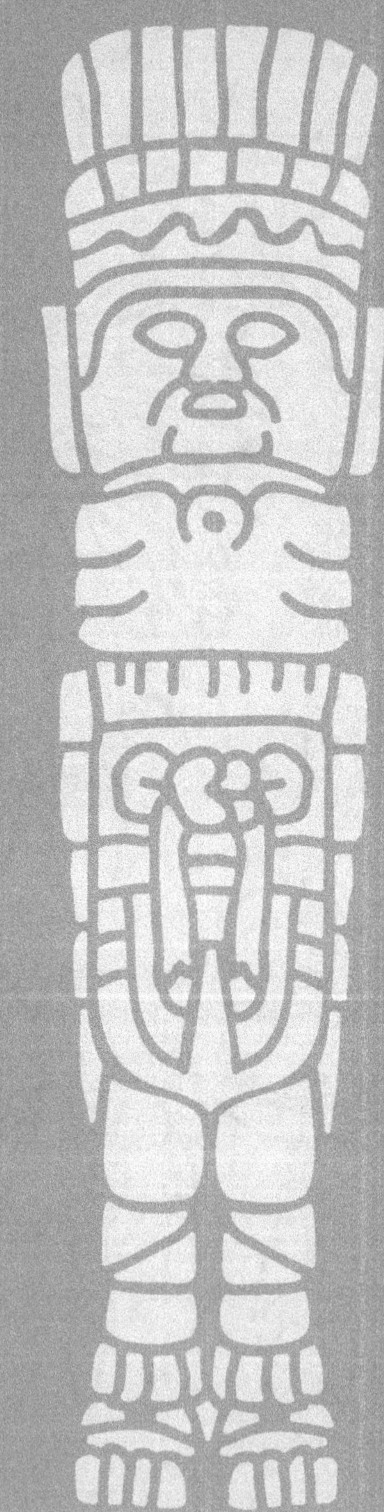
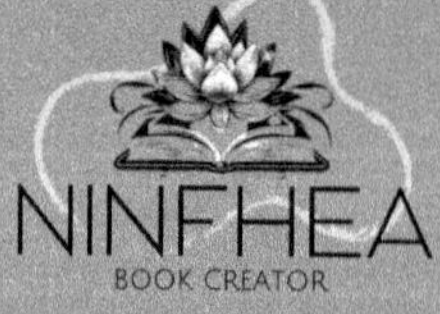

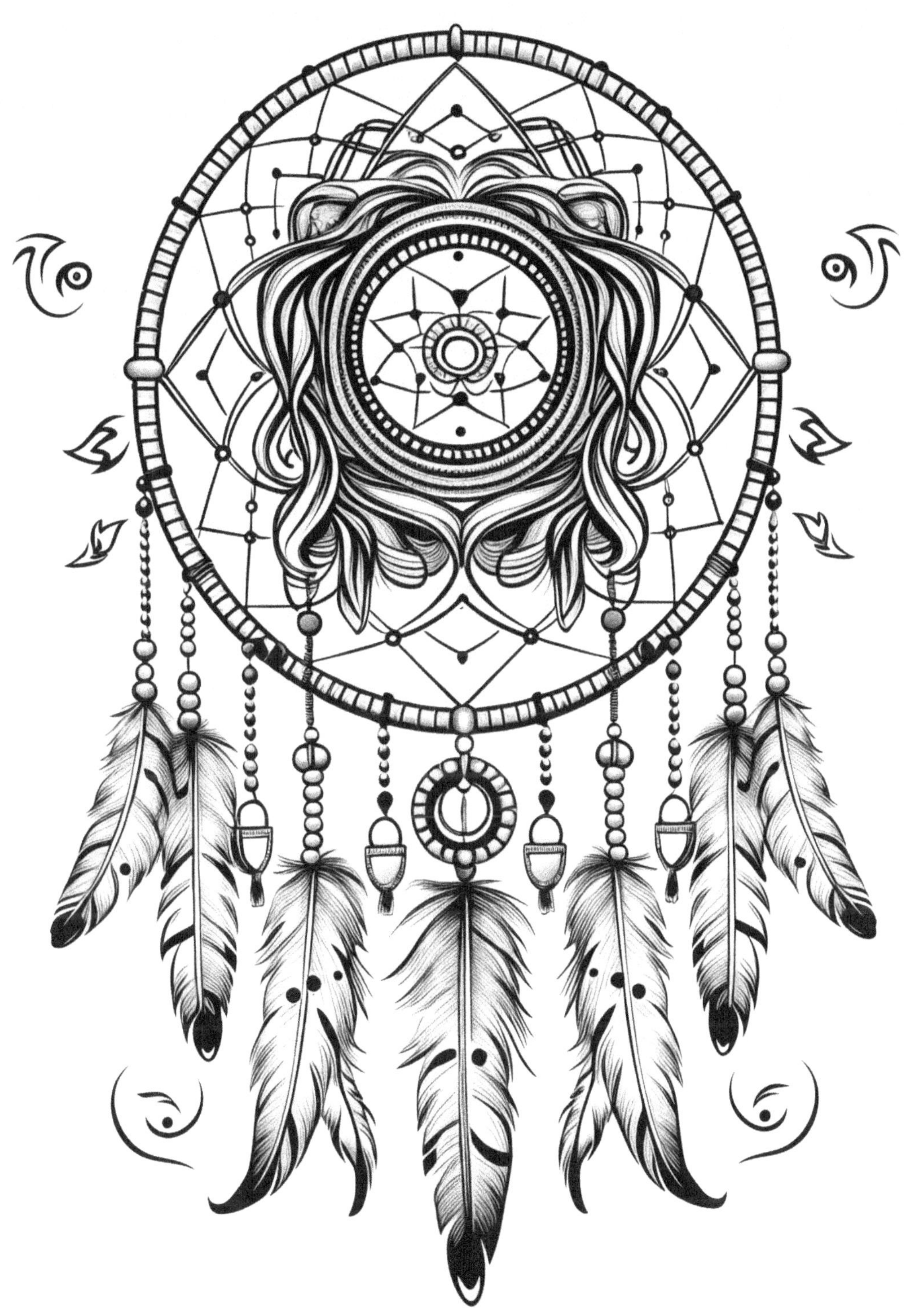

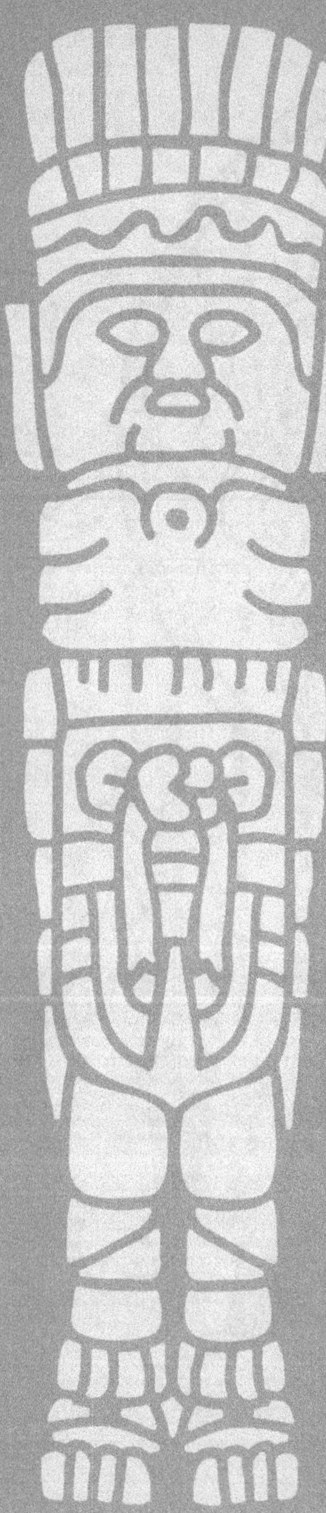
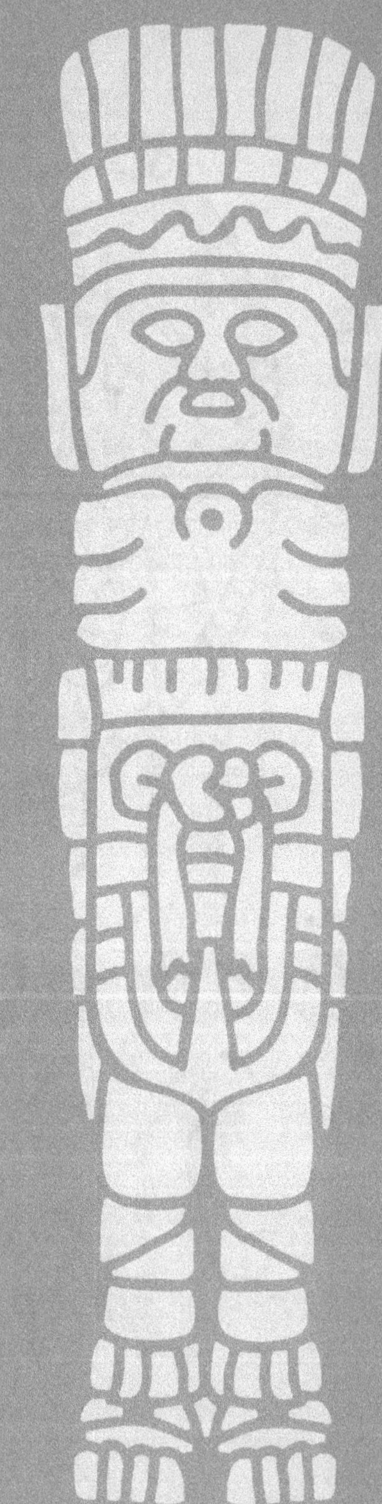
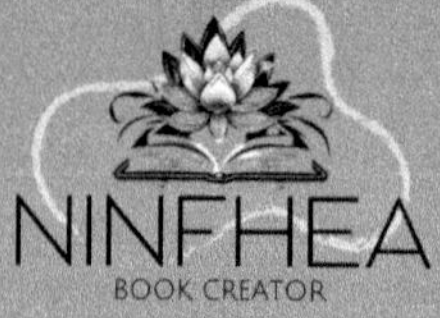

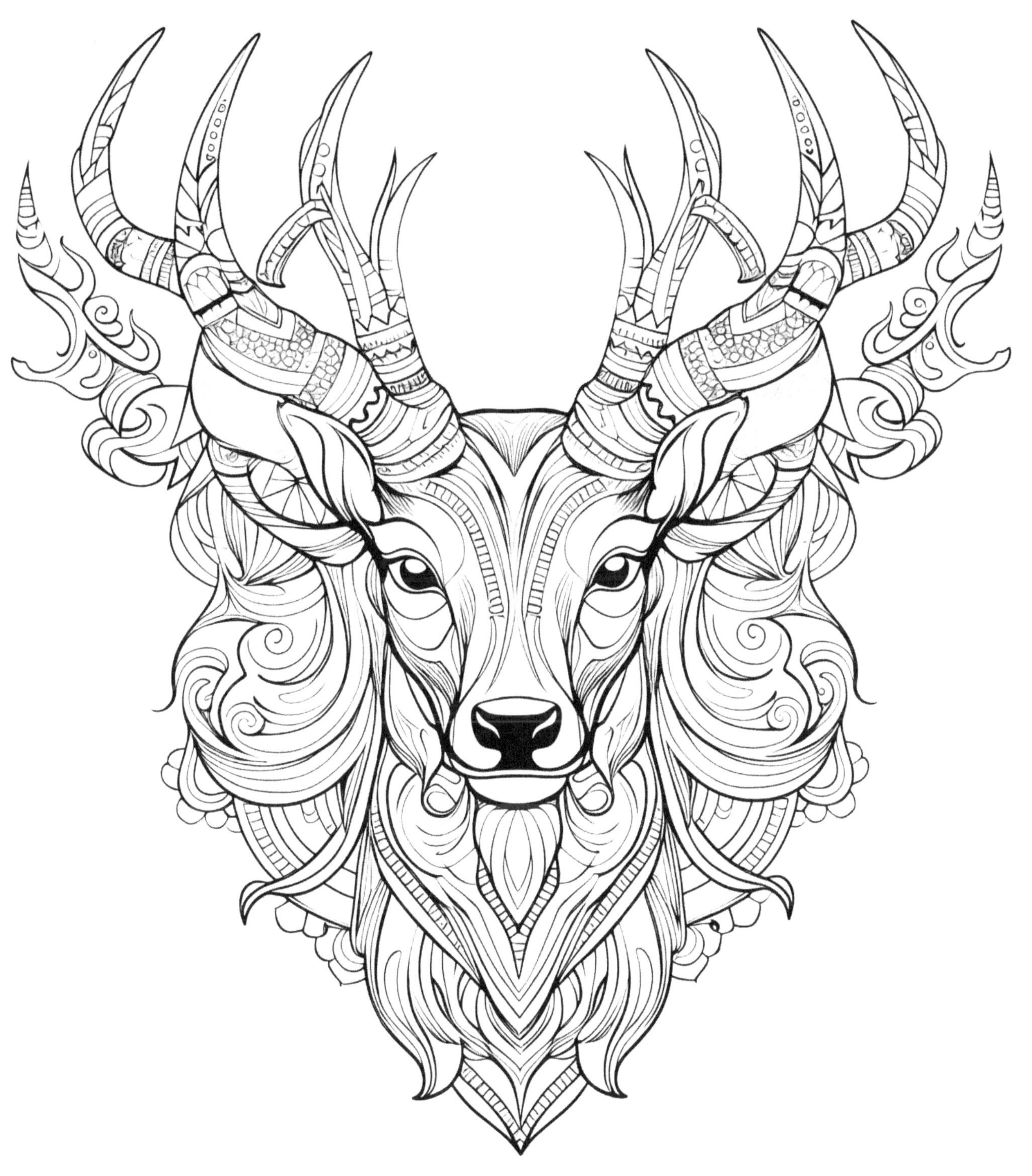

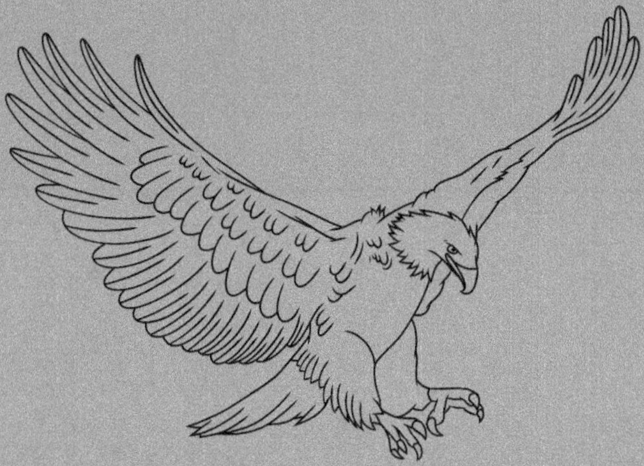

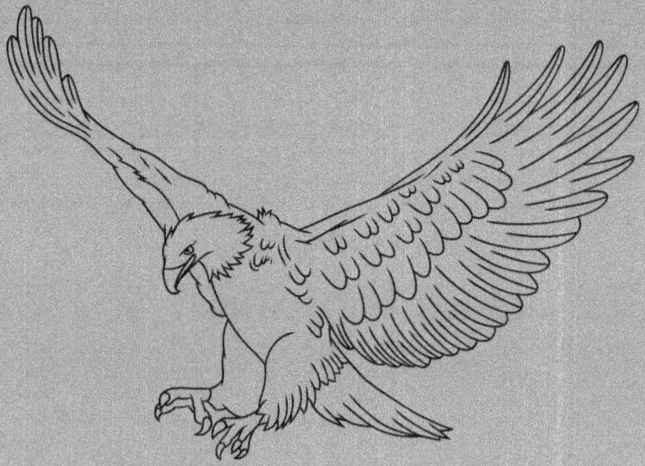

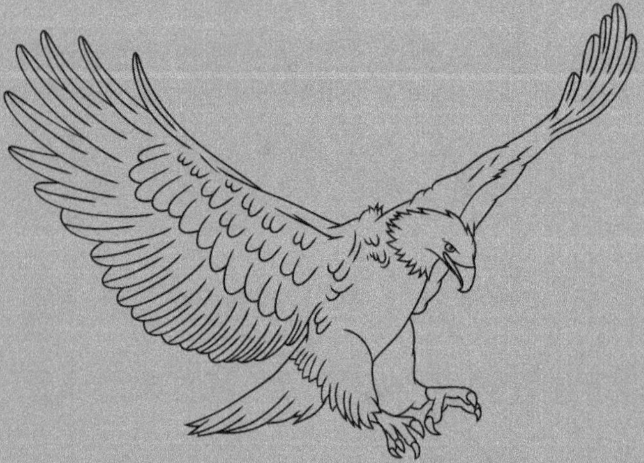

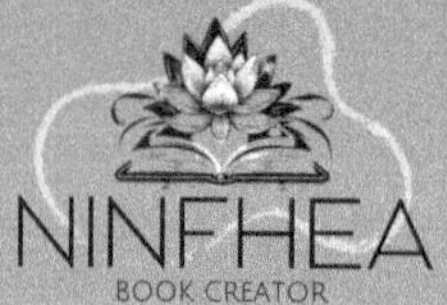

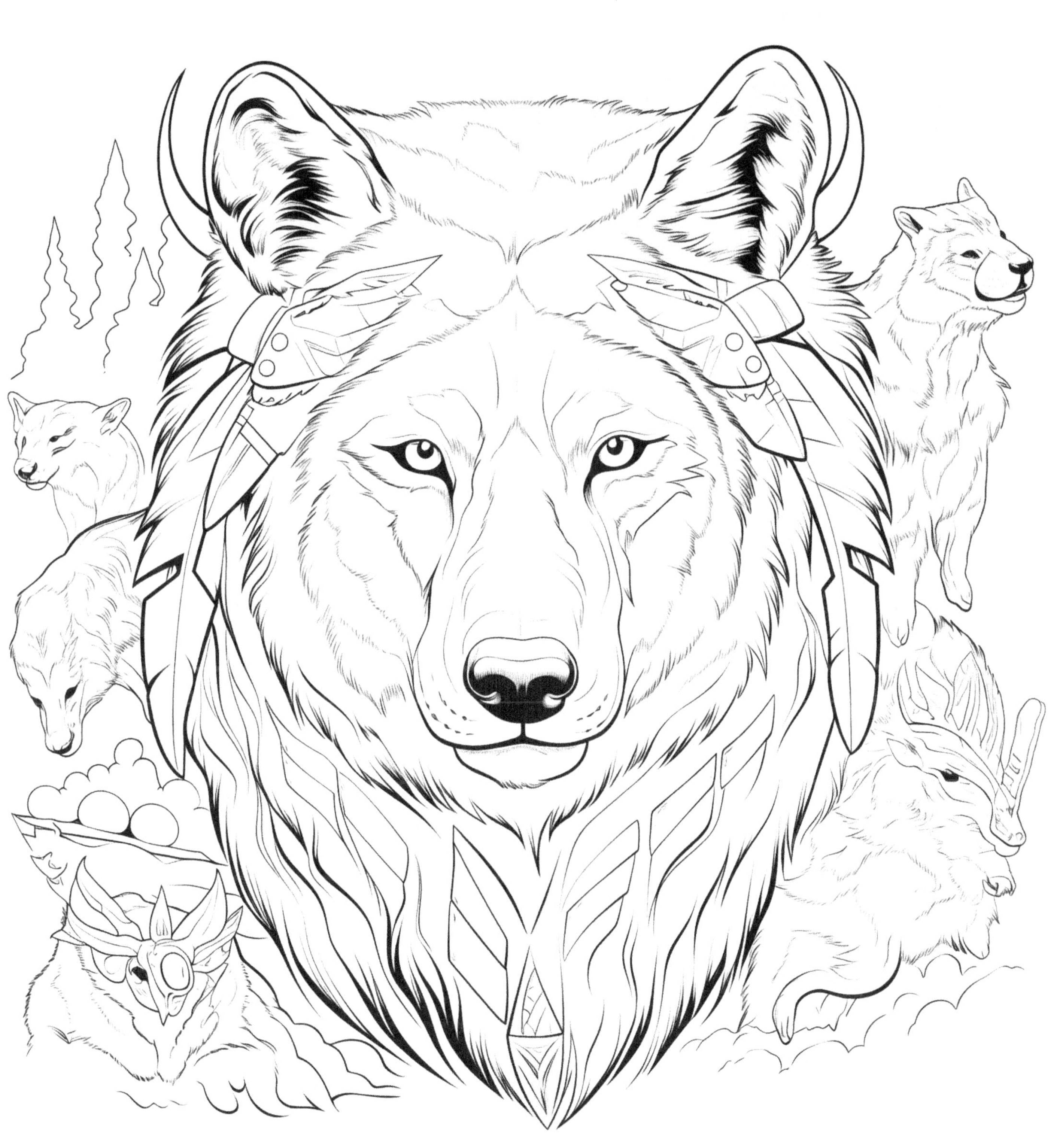

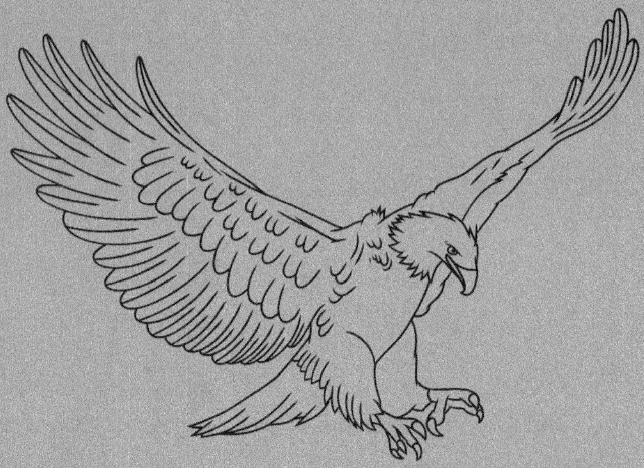

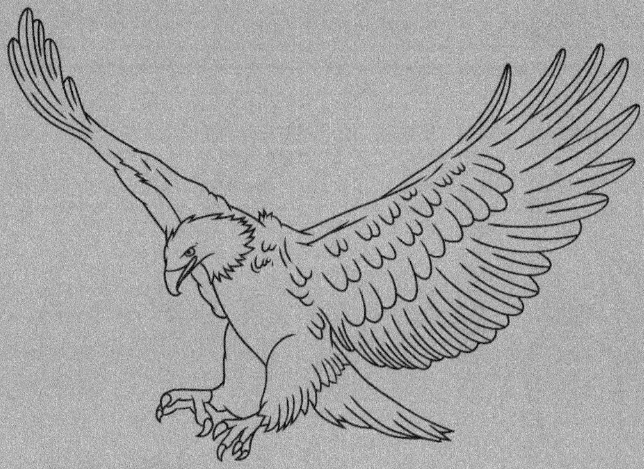

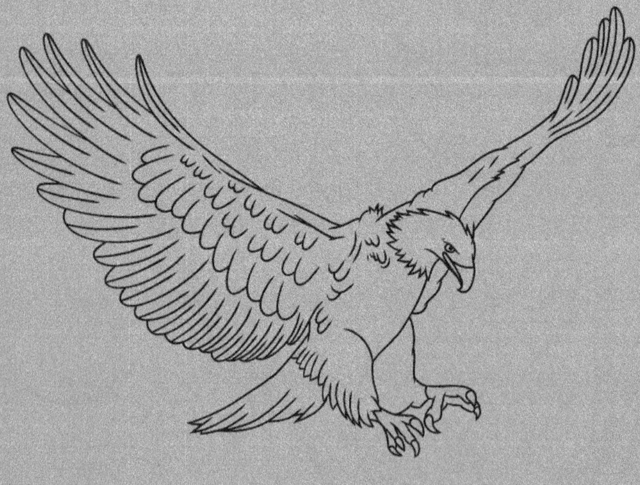

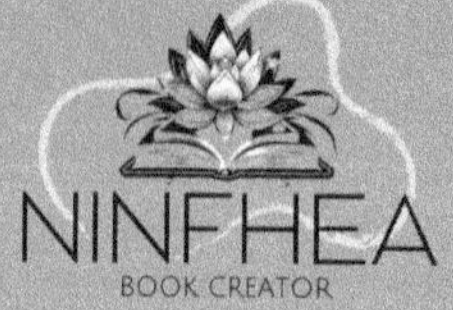
NINFHEA
BOOK CREATOR

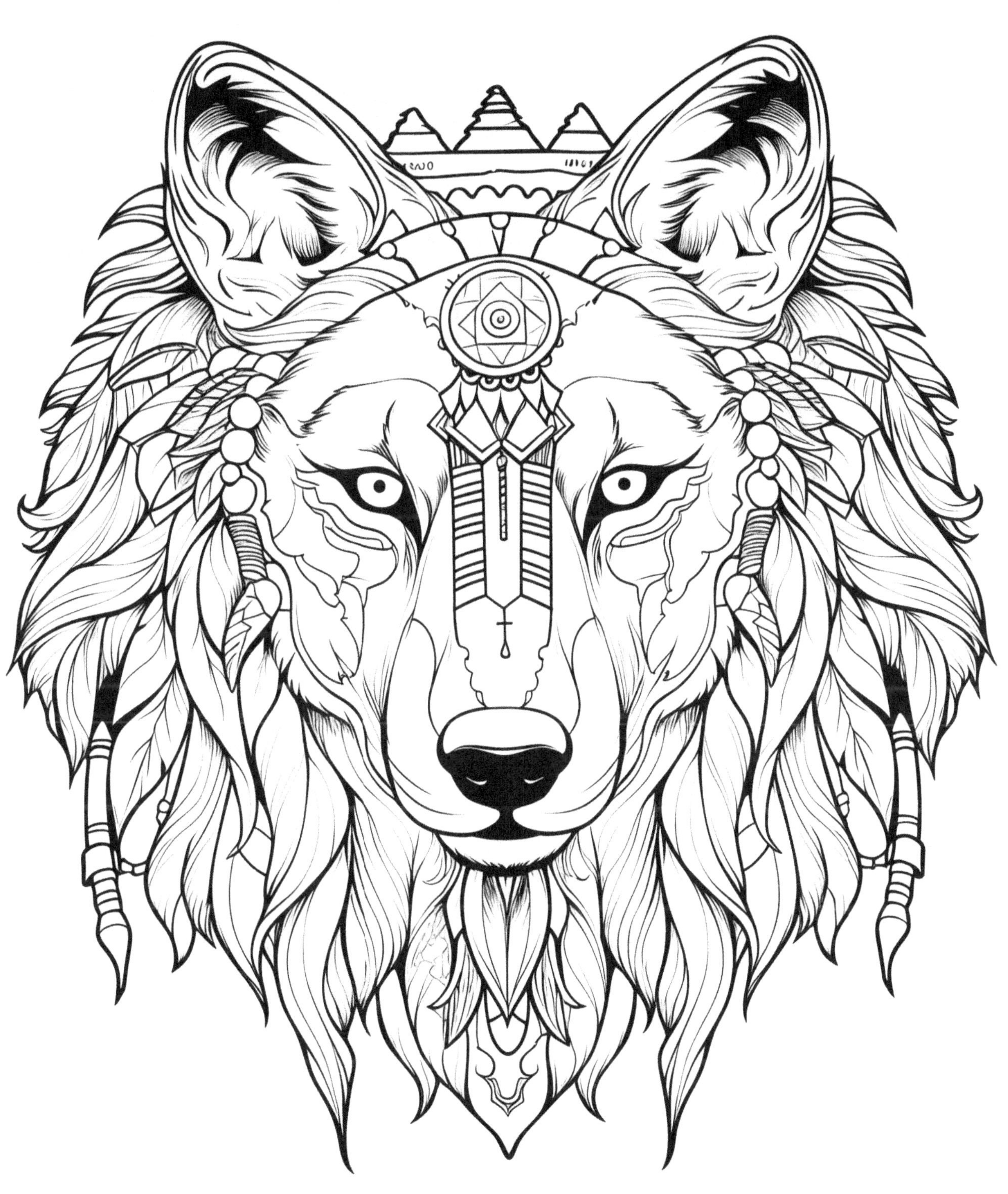

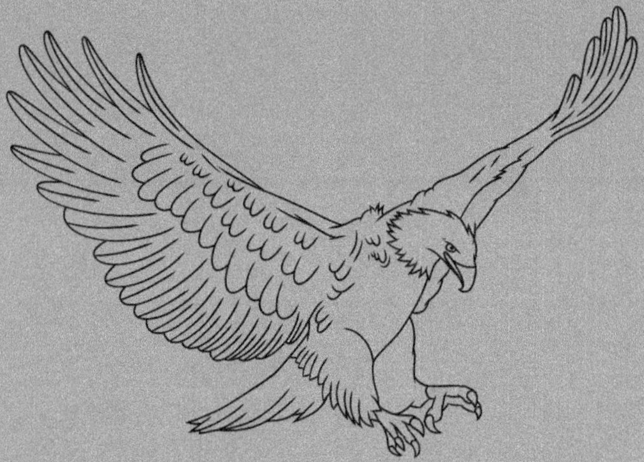

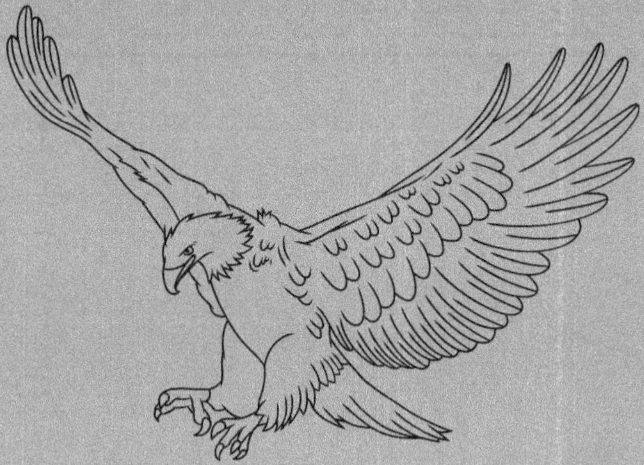

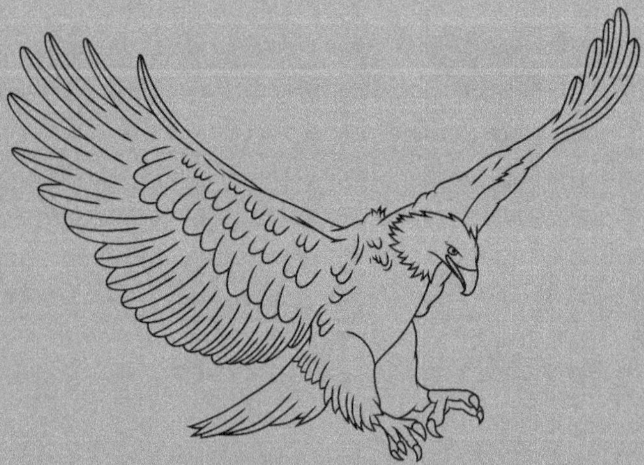

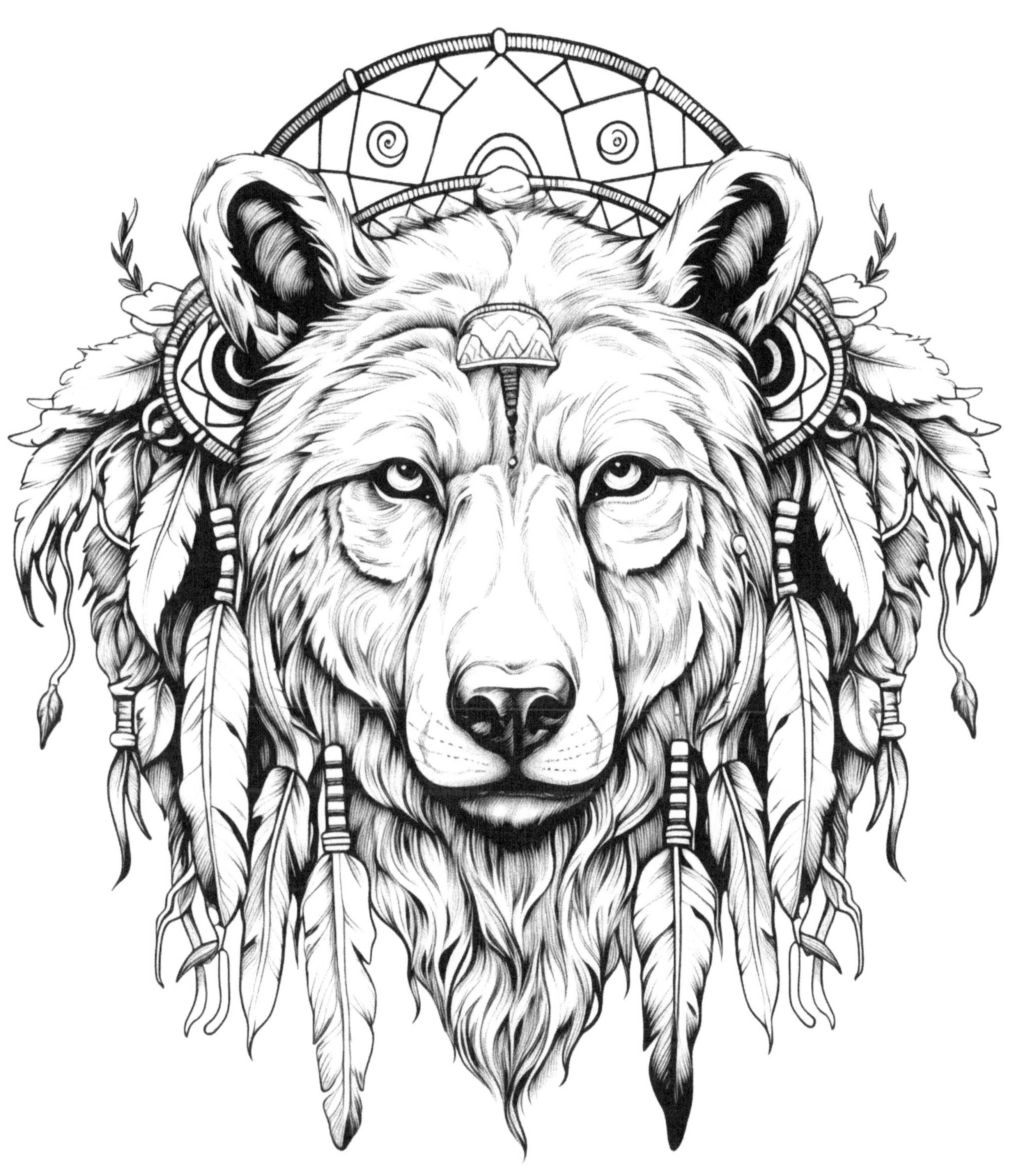

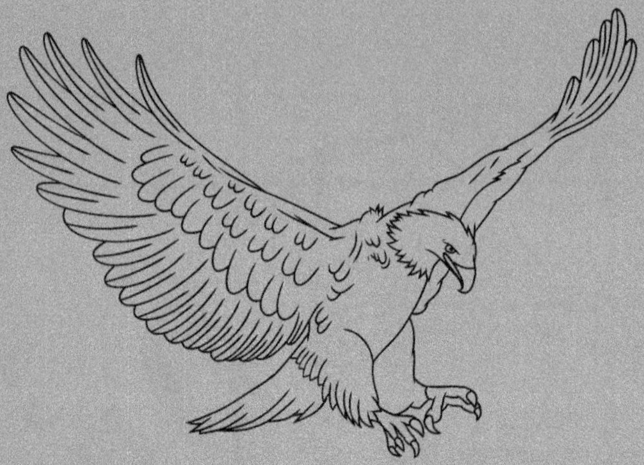

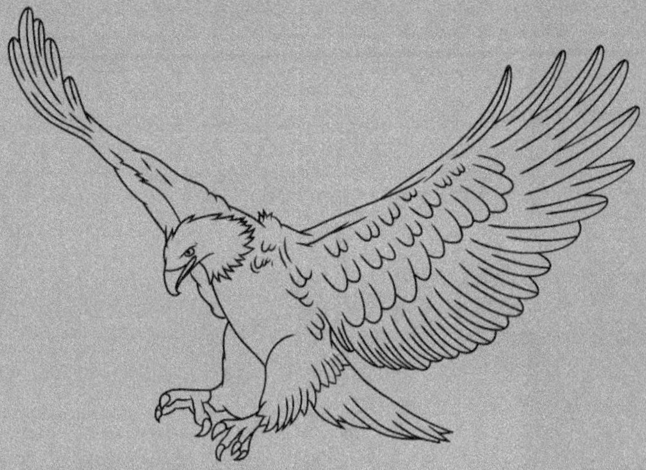

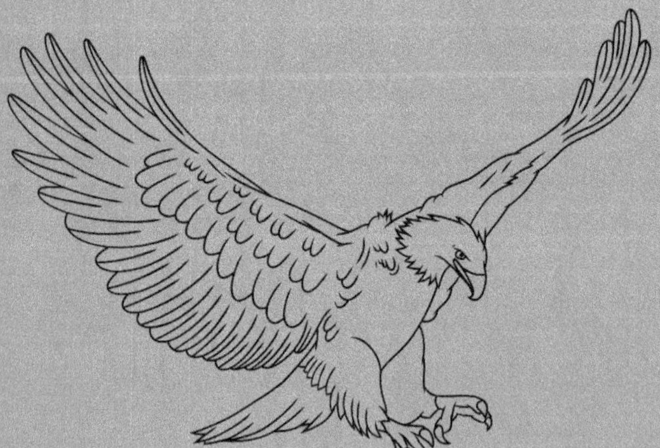

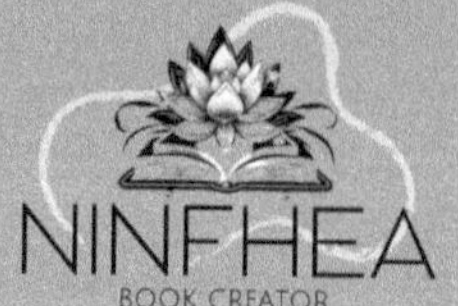

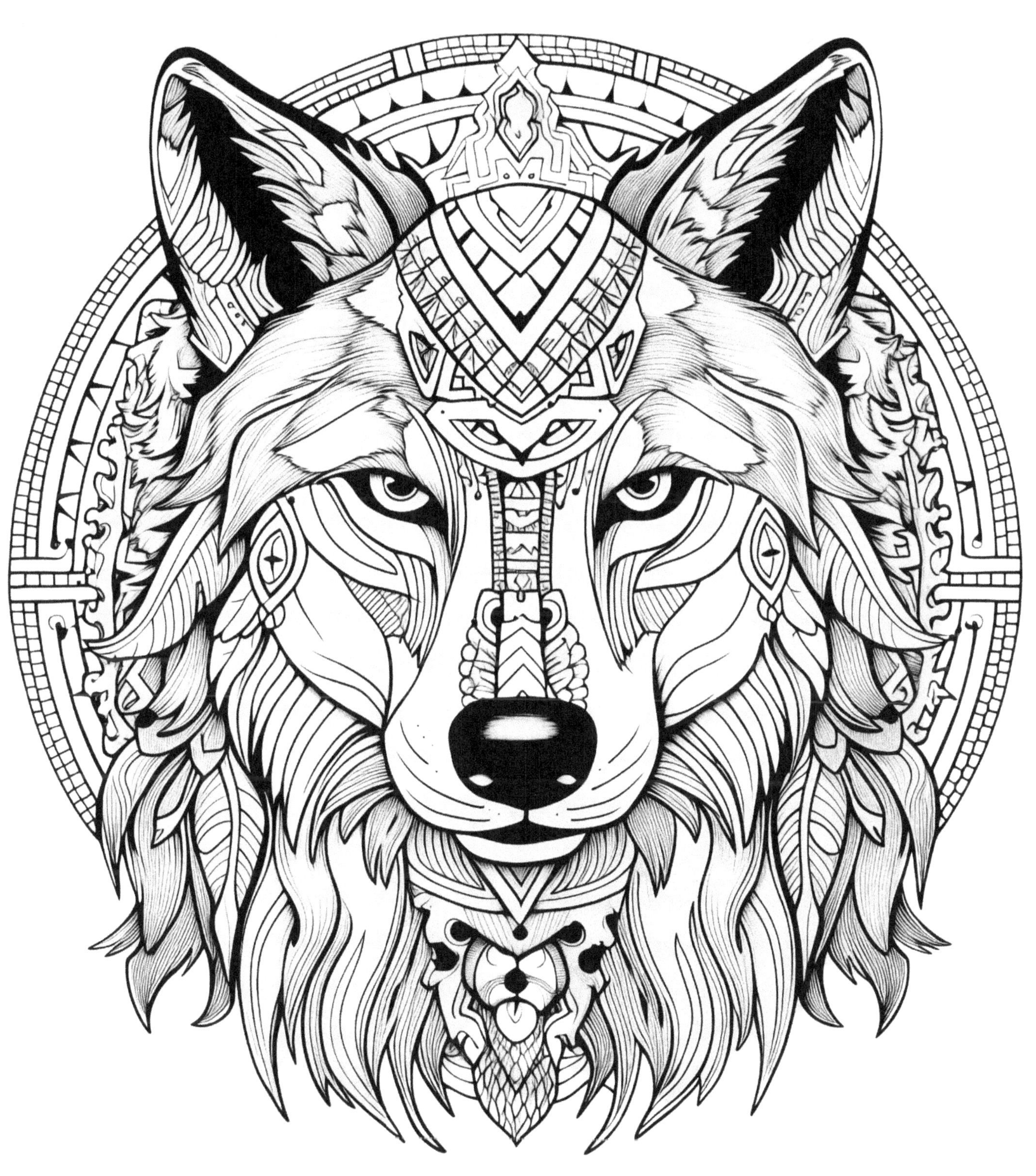

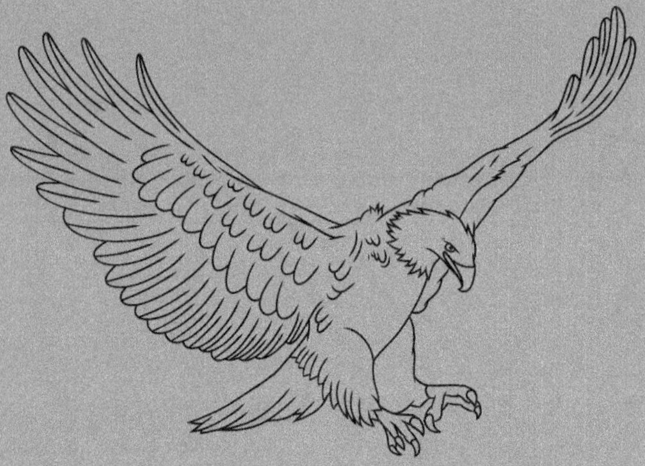

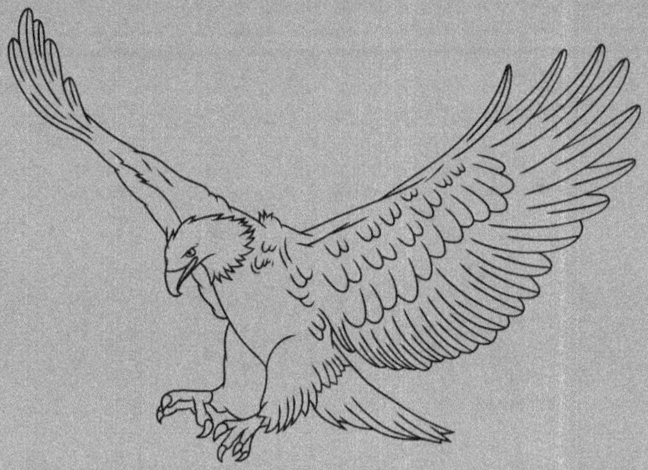

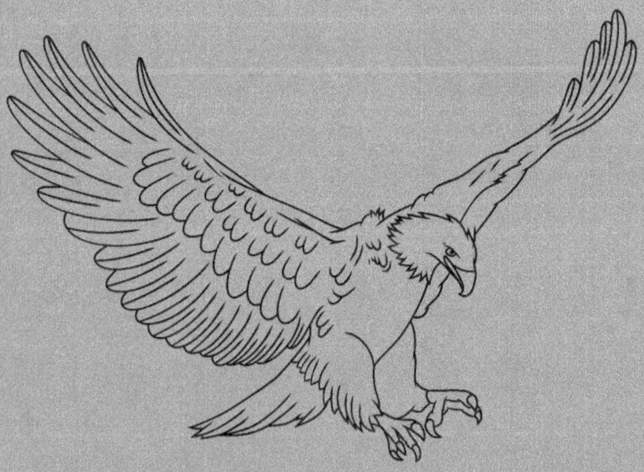

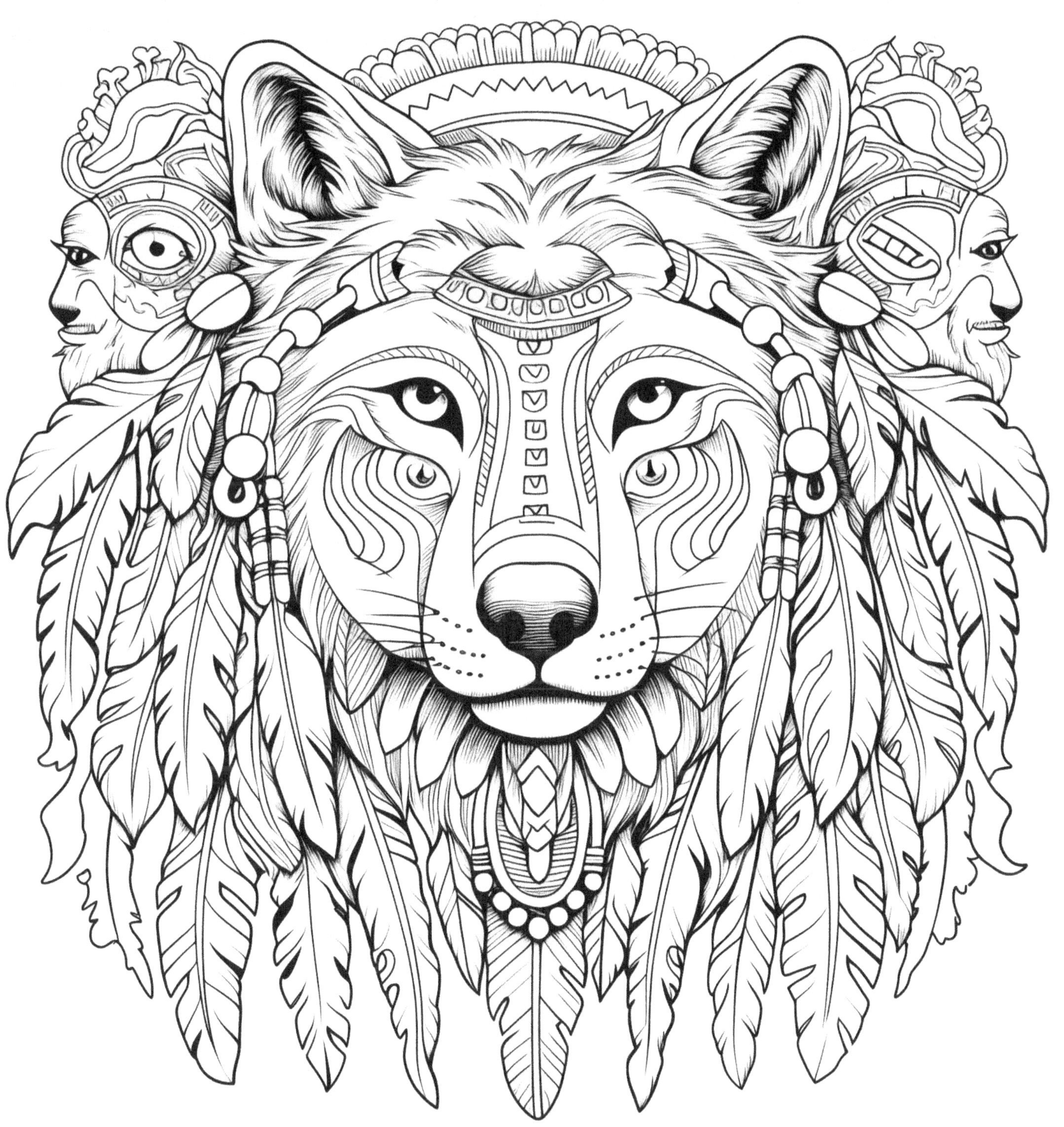

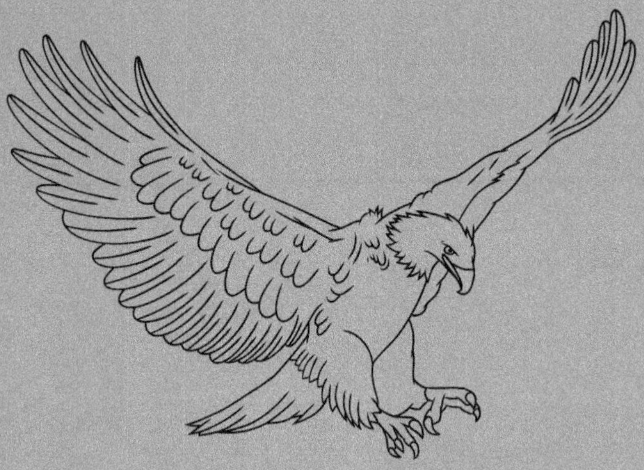

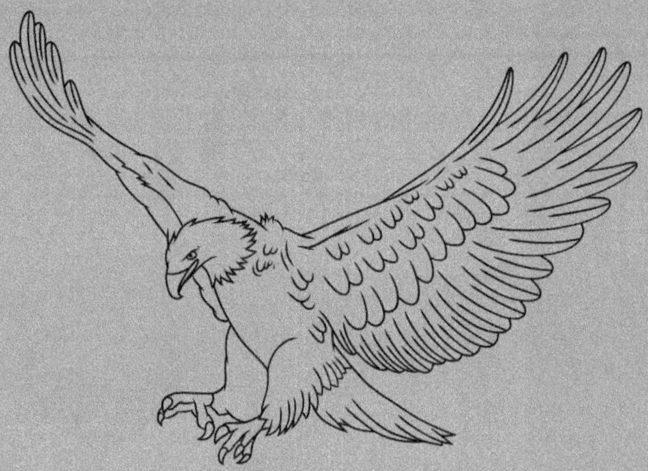

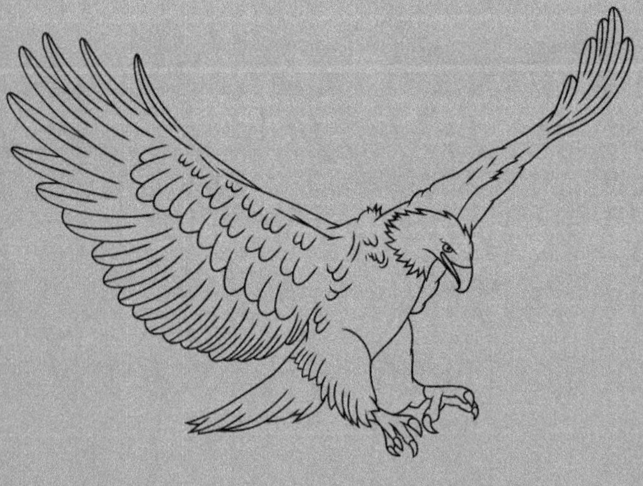

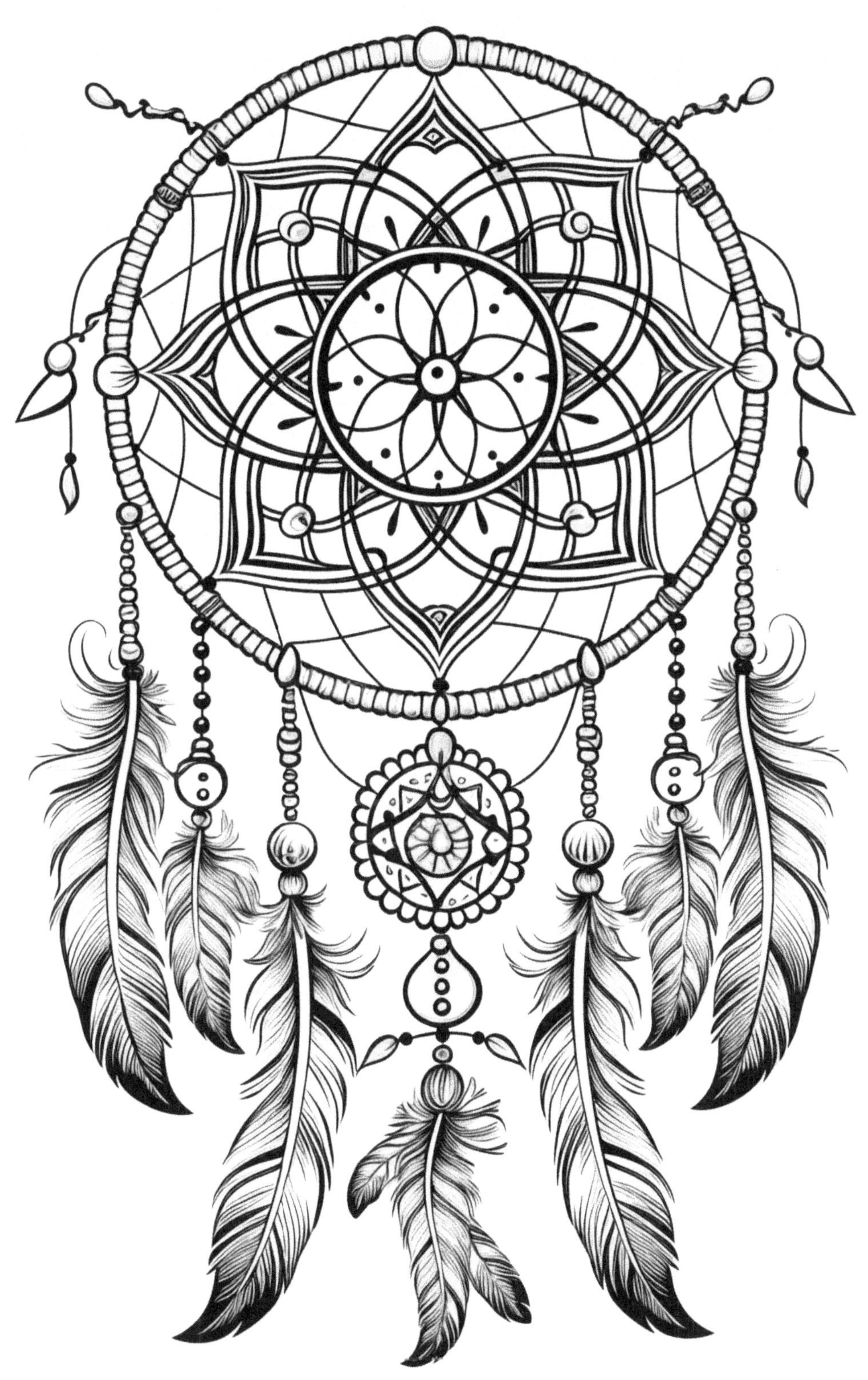

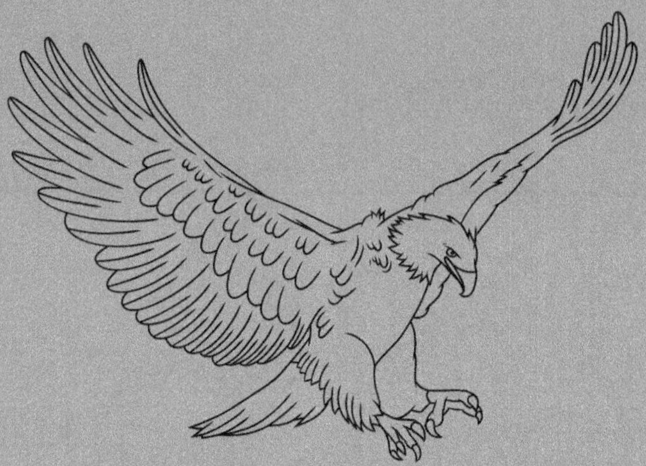

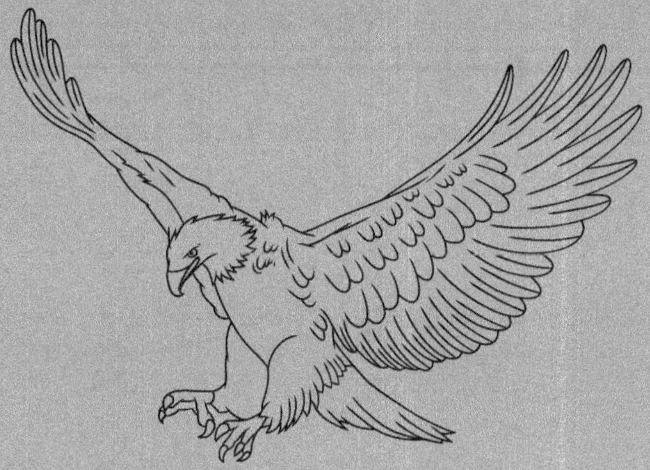

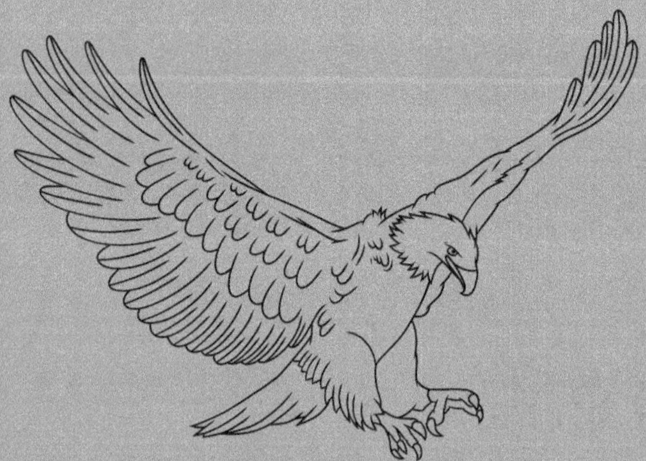

NINFHEA
BOOK CREATOR

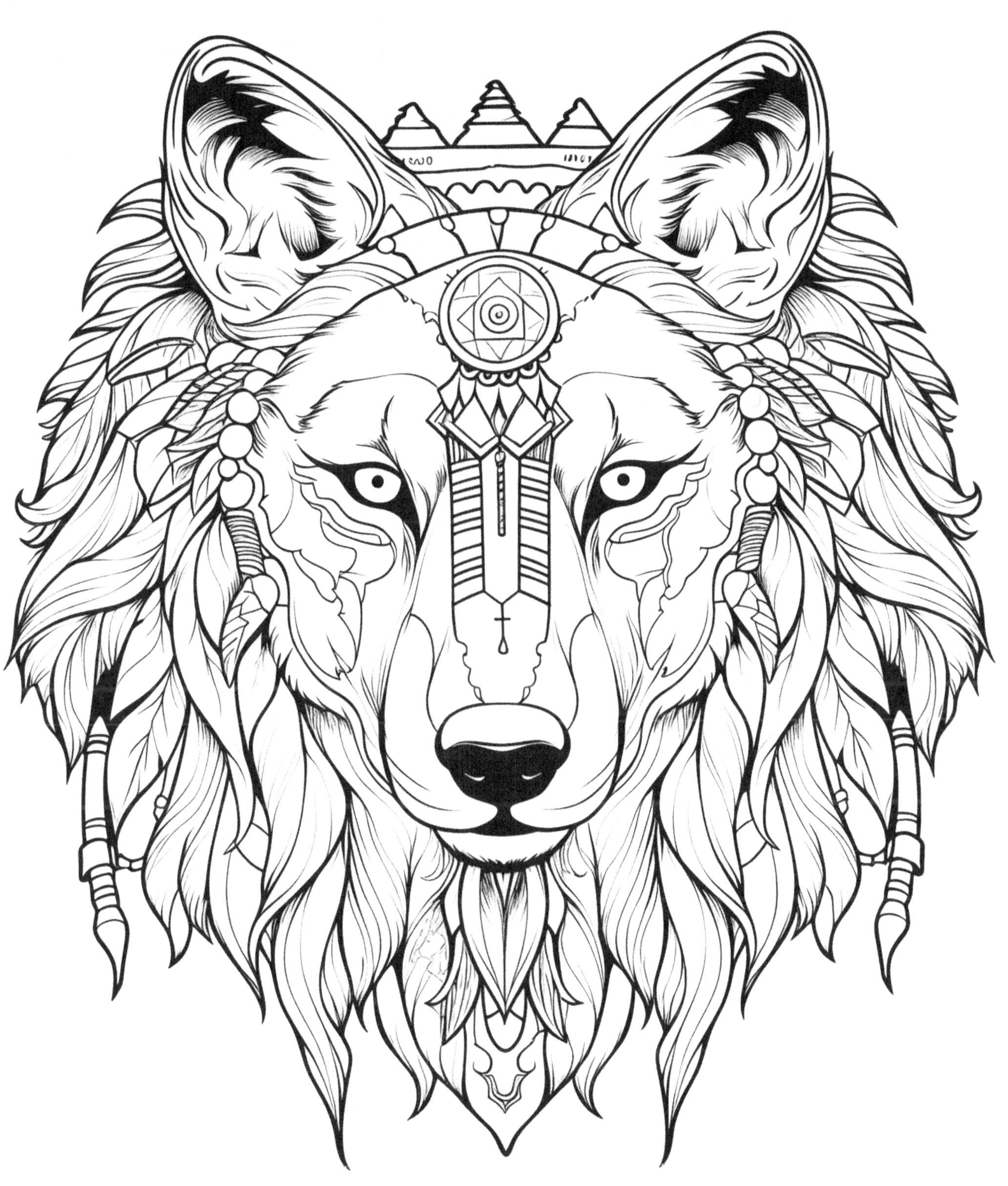

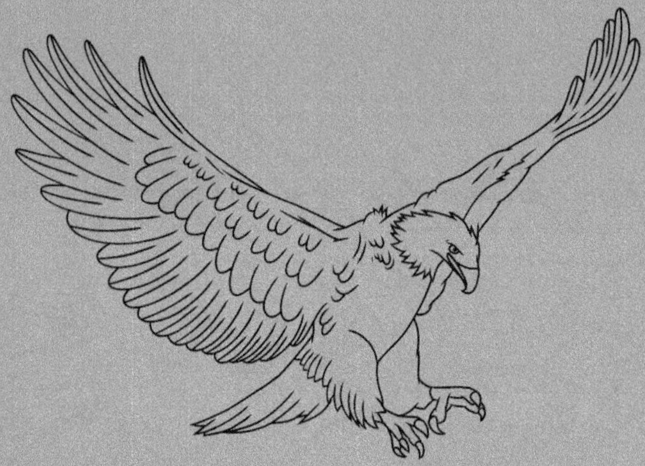

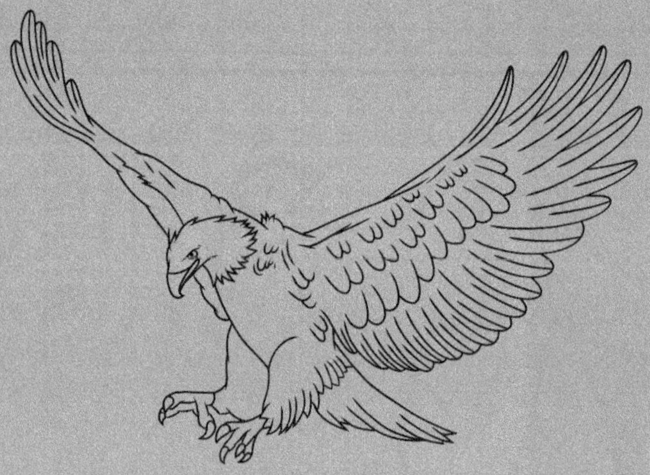

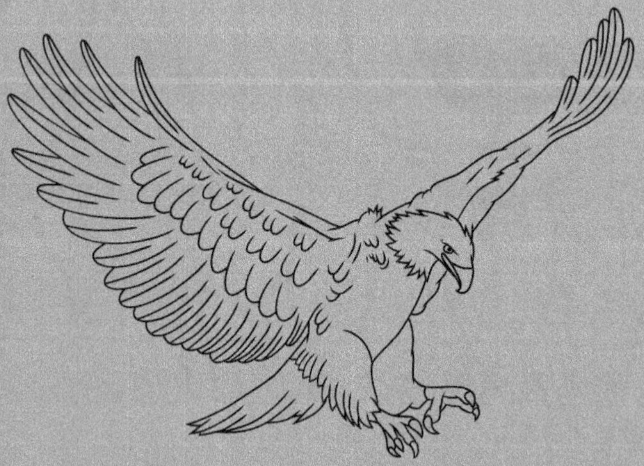

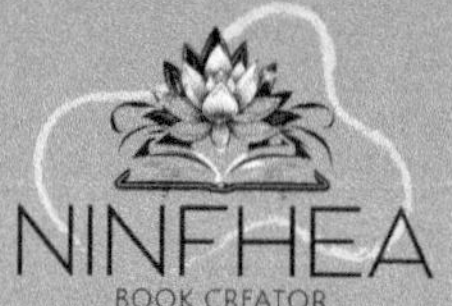